KB040431

루이스 헤이의
치유 워크북
♥

Louise Hay

루이스 헤이의
치유 워크북

ㅣ 있는 그대로의 나를 사랑하라 ㅣ

루이스 헤이 지음 ㅣ 최기원 옮김

K+
MIRACLE
MORNING
KMM PUBLISHER

루이스 헤이 서문

이 책은 소주제별 질문이 있고 답변을 적는 마음 수련 과제가 실린 '워크북'이다. 어느 정도는 무게감과 부담감이 느껴질 수 있다. 게다가 각자 평생 간직해 온 사고방식을 뿌리 뽑으려면 피 말리는 노력이 필요하겠다고 단정하며 한숨부터 나올 수 있다. 그러나 내면에 변화를 일으킨다고 엄청난 노력이 필요한 것도 아니고, 힘들거나 괴롭지도 않다는 게 나의 생각이다. 다만 변화의 과정은 모험의 여정이 될 것이다.

그래서 당신 내면의 여러 자아 중에서도 '모험가로서의 자아'에 이 책을 선사하고 싶다. 이 책을 읽기 시작한 당신은 이미 보물찾기의 탐험에 들어섰다. 사고의 여정에서 오래 간직한 케케묵은 부정적인 사고의 무의식적 습관 패턴을 마주하게 될 것이다. 이때 그 정체가 무엇인지 확인하고 나서는 과감히 내던져버려라. 부정적 사고의 패턴마다 껍질을 벗겨 보면 그 속에는 보물 창고가 숨겨져 있으리라.

마음속의 금광을 찾아 나서라. 본인 나름의 건강 루틴을 만들어보라. 삶을 사랑으로 가득 채워보라. 나름의 자유를 찾아 나서라. 당신은 고귀한 존재다. 충분히 이 모든 것을 누릴 자격이 있다. 내가 당신 곁에서 도움이 되어줄 것이다.

이제 당신은 내적 깨달음의 길에 들어섰다. 당신을 속박하는 모든 것에서 자유를 찾아라. 이러한 노력만으로도 망가져 가는 지구 환경을 치유하는 데 도움이 될 것이다.

차례

추천사

스무 살 시절 장애인은 경험이 없어 작가가 될 수 없다는 비판의 말을 듣고 나는 크게 좌절했다. 절망적인 언어들이 내 마음에 상처를 크게 입혔다. 암담하고 괴로웠다. 하지만 그때 기적이 일어났다.

"장애인으로서의 고통스러운 삶이 문학의 소재가 되지 않는다면 도대체 무엇이 문학이 된단 말이야?"

내 안의 또 다른 내가 그렇게 말을 걸어 주었던 거다. 그때 나를 떨치고 일어서게 해준 구원자, '나 자신'은 지금까지도 동반자로서 언제나 나를 응원해 주고 있다.

이 책은 그동안 스스로를 무시하고, 비판하고, 질책했

던 사람들에게 복음서이다. 나는 나의 구세주이고, 내 안에는 모든 신비로운 것과 에너지가 다 들어 있다. 그것을 찾아내 끄집어낼 수 있는 방법을 알려준다. 더 이상 우리는 어둠 속에 머무를 필요가 없다. 나는 스스로를 치유하고, 원하는 것을 얻으며, 우주의 일부가 되어 멋진 삶을 살 수 있다. 이 책 안에 숨겨진 그 비밀이 우리를 치유케 할 테니까.

40년이 지난 지금 나는 우리나라에서 가장 많은 책을 발간(350권)한 작가가 되었다. 이는 모두 내 안의 내가 나를 이끌어준 결과이며 이 책이 진실이라는 증거다.

―고정욱(문학박사, 동화작가)

Part I
소개의 글

1장
기본적인 긍정 확언 기술

"나는 변화하고 싶다"

　이 책은 변화에 관한 책이다. 사람들과 주변의 모든 것
이 당신이 원하는 방향으로 바뀌길 바라지 않는가? 당신
의 어머니, 아버지, 친구, 여자 형제, 연인, 집주인, 이웃,
장관, 정치인 등이 지금 같지만 않아도 삶이 완벽할 것으
로 생각하면서 아쉬워하진 않는가? 그런데 이들이 바뀌
기란 생각보다 쉽지 않다. 이 책에서는 삶의 다양한 영역
에서 당신이 갖게 되는 가치관에 대해서도 성찰하게 한
다. 어떤 부분에서는 긍정적인 생각이 꽃 피우고 있다면,

최대한 그 가치관을 지키면서 넓혀가길 권하고 싶다. 반대로 둥둥 떠다니는 부정적인 생각들도 있을 것이다. 이들을 깨끗이 씻어내도록 내가 도와줄 것이다.

내 개인적인 이야기를 해보겠다. 내 삶은 사고방식을 바꾸면 기적이 일어날 수 있다는 사실을 보여주는 좋은 사례다. 어렸을 적 우리 집은 가난했고, 나는 수시로 학대와 폭력에 시달렸다. 자존감은 늘 바닥이었고 나를 괴롭히는 문제는 항상 산더미였다. 그러나 현재의 나는 다른 사람들을 도울 수 있는 유명한 여성으로 변해있다. 이제는 고통과 괴로움 속에서 살지 않는다. 나는 나 자신을 위해 멋진 삶을 창조했다. 당신도 할 수 있다.

이 워크북에 실린 자기 성찰 수련을 시작할 때, 자신에게 최대한 관대하면서 편한 마음으로 임하라. 변화를 실천하는 일은 어려울 수도 있고 쉬울 수도 있다. 다만 당신이 기울이는 모든 노력이 값지다는 것을 인정하라. 오랫동안 고수해온 신념을 버리고 새로운 신념을 받아들이는 데 과도기가 있다는 점을 인정하라. 낙담할 필요 없다. 소중한 친구를 대하듯 자신을 대하라. 이 새로운 경험을 하는 자신을 최대한 격려하라.

이 책에 실린 수련을 꾸준히 수행할 수 있다면, 가장 빨리 결과를 얻게 될 것이다. 그러나 어떠한 이유에서든 한 달에 한 번만 수련에 임하더라도 여전히 도움이 될 것이다. 당신이 할 수 있는 만큼 하면 된다. 수련은 자신에 대해 몰랐던 사실을 알려줄 것이다. 결정 장애를 떨치고 새로운 선택을 할 수 있게 될 것이다. 새로운 결정을 내릴 때마다 내면의 새로운 마음 정원에 씨앗을 심는 것과 같다. 그 씨앗들이 발아하여 자라기까지 시간이 걸릴 수 있다. 그러나 씨앗을 심는다는 것은 다 자라버린 사과나무 한 그루를 심는 것과 다름을 기억하라. 마찬가지로 이 수련에 임한다고 해서 항상 즉각적인 결과를 얻지 못할 수도 있다.

이 워크북은 자신의 치유가 먼저 필요한 항목별로 이용하는 것이 좋다. 한꺼번에 너무 많은 생각을 하기보다는 인생의 한 부분에 집중하라. 각 수련을 할 때마다 올라오는 감정을 찬찬히 음미하라. 단 항목별로 이용하기 전에 이 책을 부담 없이 처음부터 끝까지 읽어 보라. 생각과 기억이 떠오르면 애써 억누르지 않고 자연스럽게 받아들인다. 한번 다 읽은 후에, 항목별 수련을 실천해보라.

각 항목에서 다루는 부분이 자신과 무관하게 생각되더라도 수련을 한번 해볼 것을 권한다. 막상 예상치 못한 느낌이 스멀스멀 올라오기도 한다. 한편 항목의 주제가 감당하기 어려울 때는 수련을 한 번하고 그만하는 것이 아니라 시간을 두고 몇 차례 반복해본다. 자신만의 마음 수련 루틴을 만들어도 좋다.

때때로 눈물을 닦을 티슈를 곁에 둬도 좋다. 자신에게 과거를 탐험할 수 있는 권한을 주고 필요하다면 펑펑 울어라. 눈물은 생명의 원동력으로 묵은 때를 씻어낸다.

내 철학의 기본 근간이 되는 내용을 간략하게 소개한다.《치유-있는 그대로의 나를 사랑하라You Can Heal Your Life》를 읽은 독자라면 책의 내용이 떠오를 것이다.

내 머릿속의 생각

인생은 생각보다 매우 단순하다. 각자가 세상에 나눠준 것을 돌려받게 된다. 가장 소중한 경험부터 최악의 경험까지 모든 경험에 대한 책임은 자신에게 있다고 생각한다. 각자 품고 있는 모든 생각이 자신의 미래를 만들어가고 있다. 자신이 품는 생각과 입 밖으로 내뱉는 말에 따라 각자의 경험이 달라진다.

신념은 각자가 진실로 받아들이는 관념과 생각이다. 자아 성찰과 세상만사에 대한 고찰은 진실을 받아들이는 우리 마음의 문을 연다. 우리가 믿기로 선택한 것은 가치관을 확장하고 풍요롭게 할 수 있다. 그 신념에 따라 하루하루가 신나고, 즐겁고, 희망적인 경험이 될 수도 있고, 슬프고, 제한적이고, 고통스러운 경험이 될 수도 있다. 같은 시대와 환경을 살아가더라도 완전히 다른 경험을 할 수 있는 것은 신념이 다르기 때문이다. 신념은 우리가 처한 환경을 바꾸어 놓기도 한다. 아집을 버리고 평생 당연시 여겨온 가치관을 적극적으로 바꿔 보려는 의지가 있다는 것은 삶에서 진정한 변화를 경험할 수 있다는 의미다.

자신과 세상에 대해 어떠한 신념을 갖고 있건 간에, 그것들이 단지 생각일 뿐이고, 생각은 바뀔 수 있다는 점을 기억하라. 이 책에서 제시하는 성찰을 유도하는 여정이 때로는 이해하기 어려울 수도 있을 것이다. 어떠한 생각들은 아예 떠올리기가 어색하고 두려울 수도 있다. 그러나 걱정하지 않아도 된다. 오직 당신에게 맞는 생각들만

이 당신의 일부로 남게 될 것이다. 책에서 소개하는 일부 성찰 방식이 너무 단순하거나 유치해서 자신에게는 별 효과가 없다고 생각할 수도 있다. 그래도 나를 믿고 한 번만이라도 시도해 보라.

우리의 잠재의식은 우리가 믿기로 선택한 모든 것을 여과 없이 받아들인다. 우주의 힘은 결코 우리를 판단하거나 비판하지 않는다. 있는 그대로의 모습으로만 받아들인다. 만약 당신이 당신 스스로가 정한 한계를 그냥 받아들인다면, 그것은 결국 진실이 되어 버릴 것이다. 자신이 키가 너무 작거나, 너무 뚱뚱하거나, 너무 말랐거나, 너무 똑똑하거나, 충분히 똑똑하지 않거나, 너무 부자이거나, 너무 가난하거나, 대인관계를 형성할 수 없는 사람이라고 믿는다면, 그 믿음들은 진실이 되어 버릴 것이다.

이 책에서는 내면의 깊은 생각을 다루고 있고, 생각은 바뀔 수 있다는 것을 기억하라. 우리에게는 무엇을 생각할지에 관한 무한한 선택권이 있다. 가장 큰 힘은 현재의 순간에 실려 있다.

당신은 지금 무슨 생각을 하고 있는가? 긍정적인 생각

인가, 부정적인 생각인가? 이 생각이 당신의 미래를 만들어 가길 바라는가?

우리는 어렸을 때 주변 어른들의 반응을 통해 우리 자신과 인생에 대해 배웠다. 그래서 나 스스로에 대해 타인의 잣대와 기준을 적용하고, 어떠한 인생을 살아야 하는지에 대한 여러 규칙을 학습하기에 급급해 왔다. 유년 시절의 가정이 불행, 공포, 죄책감, 분노에 가득 찬 환경이었다면, 자신과 세상에 대한 부정적인 생각이 꼬리에 꼬리를 물고 이어졌을 것이다.

성인이 되어서는 유년 시절 가정에서 느낀 정서적 환경을 재현하려는 경향이 있다. 대인관계에서 어릴 적 어머니, 아버지와 형성했던 관계를 재현하는 경향이 드러나기도 한다. 잔소리와 꾸지람을 지나치게 많이 듣고 자란 아이는 어른이 되어서 자신에게 이런 행동을 반복한 사람들을 곁에 두게 된다. 그러나 어렸을 때 칭찬, 사랑, 격려를 듬뿍 받은 아이는 이 행동을 재현하는 어른으로 성장한다.

그렇다고 부모님을 비난하지 않길 바란다. 우리는 그저

희생자들이 키운 희생자일 뿐이다. 그들은 자신도 모르는 걸 당신에게 가르칠 수 없었을 것이다. 어머니나 아버지도 자기 자신을 사랑하는 법을 모르는데, 당신에게 자기 자신을 사랑하는 방법을 어떻게 가르칠 수 있었겠는가. 본인들이 아는 만큼을 실생활에 적용하며 최선을 다해 상황에 대처했을 뿐이다. 그들이 유년 시절에 어떻게 자랐을지 잠시 생각해 보라. 당신이 부모님을 더 이해하고 싶다면, 그들의 어린 시절에 관해 물어봐도 좋을 것이다.

부모가 당신에게 '무슨' 말을 하는지를 경청하면서, 부모가 '말을 할 때' 어떠한 어조와 느낌으로 하는지도 눈여겨보라. 몸짓은 어떠한가? 당신과 눈을 마주치며 얘기를 하는가? 눈을 보면서 부모 내면의 아이를 찾을 수 있는지 확인해 보라. 잠깐만 볼 수도 있지만, 귀중한 정보가 드러나기도 한다.

나는 우리 스스로가 부모님을 선택한다고 생각한다. 우리는 스스로 특정한 시간과 공간을 정해서 이 지구라는 행성에 태어났다. 우리는 우리를 영적으로, 육체적으로 성숙시켜줄 특별한 교훈을 얻기 위해서 이곳에 왔다. 그 과정에서 우리는 성별, 피부색, 출신 국가를 선택한 다음, 이 인생에서 우리를 이끌어 줄 특정한 부모를 찾았다.

우리가 다루는 모든 것은 생각일 뿐이고, 생각은 바뀔 수 있다. 당신에게 어떠한 고민거리가 있더라도 내면의 생각이 경험으로 표출될 뿐이다. 심지어 자기혐오도 자기 자신에 대해 가진 생각 중 하나다. 이 생각은 감정을 만들고, 감정은 기분을 지배하게 된다. 그러나 그러한 생각을 갖지 않게 되면, 그러한 감정도 생겨나지 않는다. 생각은 바뀔 수 있는 것이다. 생각을 바꾸면, 감정은 사라지게 마련이다.

과거는 우리를 지배할 힘이 없다. 우리가 얼마나 오랫동안 부정적인 사고의 패턴 속에 갇혀 있었는지는 중요하지 않다. 우리는 지금, 이 순간에도 자유로울 수 있다.

안 믿을 수도 있겠지만, 우리가 어떠한 생각을 할지는 우리의 선택에 달려있다. 같은 생각을 하도 많이 반복해서, 본인이 그 생각을 선택한 것처럼 느껴지지 않을 수도 있다. 하지만 그 생각을 하기로 마음먹은 것은 우리 자신이다. 자신의 의지에 따라 특정 생각을 거부할 수 있다. 당신은 자신에 대한 긍정적인 생각을 얼마나 자주 거부했는가? 자신에 대한 부정적인 생각도 거부할 수 있다.

내가 상담한 모든 사람은 마음 깊숙이 "나는 부족한 점이 많아"라고 느끼고 있었다. 내가 알고 있거나 함께 일한 적이 있는 모든 사람은 어느 정도 자기혐오나 죄책감에 시달리고 있다. "나는 부족한 점이 많아. 내가 충분히 좋은 결과를 못 내고 있어. 나는 (~ 할) 자격이 없나 봐"와 같은 불만 섞인 얘기를 많이 한다. 그러나 과연 '누구'에게 부족하다는 것인가? '누구'의 기준으로 부족하다는 말인가?

나는 분노, 비판, 죄책감, 두려움이 우리 자신과 우리의 삶에서 가장 많은 문제를 일으킨다고 생각한다. 우리가 하는 경험에 문제가 생기면 다른 사람들을 탓하며 책임을 회피하기 때문에 비롯되는 감정들이다. 만약 자신에게서 원인을 찾는다면, 굳이 비난할 사람을 찾지 않아도 된다. '바깥' 세상에서 일어나는 일은 내면적 사고의 거울일 뿐이다.

나는 다른 사람들의 나쁜 행동을 용납하지 않지만, 이러한 행동을 끌어들이는 것은 우리의 신념 체계이다. 당신의 어떠한 생각이 나쁜 행동을 보이는 사람들을 끌어들이는 유인책이 될 수도 있다. 사람들이 계속해서 당신을 학대하거나 함부로 대하고 있다고 생각한다면, 이것도 당신에게 내재한 생각 패턴의 일부다. 행동을 끌어당기는 생각을 바꾸면, 그 행동은 멈출 것이다.

과거에 대한 우리의 태도도 바꿀 수 있다. 과거는 이미 지났고 바뀔 수 없다. 하지만 과거에 대한 우리의 생각은 '바꿀 수' 있다. 오래전 누군가가 우리에게 해를 입혔다는 이유로 지금, 이 순간에 자책하는 건 얼마나 어리석은 일인가.

자신을 무력한 희생자라 여기며 상황이 너무나도 절망적이라고 믿기로 선택한다면, 우주는 그 믿음에 더 힘을 실어줄 것이다. 우리 자신에 대한 최악의 생각들이 기정사실로 되는 것이다.

그러나 우리의 경험이 좋건 나쁘건 그것에 대한 책임이

우리에게 있다고 믿기로 선택한다면, 과거의 굴레를 벗어던질 수 있다. 우리는 변화할 수 있다. 우리는 굴레에서 벗어날 수 있다.

자유로 가는 길은 용서로 가는 문을 통해 있다. 우리는 용서할 줄 모르고, 용서하고 싶지 않을 수도 있지만, 기꺼이 용서한다면, 마음의 치유가 시작될 수 있다. 힘들겠지만 우리가 과거를 놓아주고 모두를 용서하는 것이 자신의 치유를 위해 절실하다.

그렇다고 나쁜 행동에 대해 눈감고 용납하라는 의미는 아니다. '당신'을 옥죄는 굴레와 속박에서 자유롭길 바랄 뿐이다. 용서란 포기이자 내려놓음이다. 우리는 자신의 고통에 대해 너무나도 잘 알고 있다. 그러나 우리를 함부로 대한 사람의 고통에 대해서는 헤아리기 어렵다. 그러나 분명한 점은 우리가 용서해야 할 상대방도 고통 속에 있었다는 사실이다. '우리'가 스스로에 대해 느끼는 점을 그들이 투영했을 뿐이다. 그들은 그 당시 그들이 알고, 이해하고, 인식한 방식으로 최선을 다했을 뿐이다.

사람들은 각종 문제로 상담받기 위해 내게 온다. 건강 악화, 돈 부족, 겉도는 인간관계, 창의성을 억누르는 여러 굴레 등 고민이 다양하지만, 나는 어떤 문제로 힘든지는 깊이 관여하지 않는다. 내가 사람들에게 항상 강조하는 것은 단 하나, '나 자신을 사랑하라'이다.

스스로가 있는 그대로의 자신을 진정으로 사랑하고, 받아들이고, 인정할 때, 삶의 모든 요소가 막힘없이 순조롭게 흘러간다. 자신을 인정하고 수용하는 것이야말로 삶의 모든 영역에서 긍정적인 변화를 향한 열쇠이다.

나 자신을 사랑한다는 것은 어떤 것에 대해서도 절대로 자신을 비판하지 않는다는 것을 의미한다. 비판은 우리가 바꾸려는 그 생각의 패턴 속에 다시 우리를 가둔다.

있는 그대로의 자신을 인정하고 받아들이면서 어떠한 생각의 변화가 나타나는지 느껴보라. 당신은 수년간 자신에 채찍질을 가해 왔다. 그래서 효과가 있었는가?

용어 풀이

확언 Affirmations

이 책에서는 '확언'이라는 말을 자주 사용할 것이다. 확언은 긍정적이든 부정적이든 우리의 입에서 나오는 모든 말을 나타낸다. 자신이 어떠한 말들을 하는지 곰곰이 생각해 보라. 삐딱한 사고에 의해 삐딱한 말이 나오는 경우가 많다. 부정적인 확언은 우리가 원하지 않는 상황을 더 많이 만들어 낼 뿐이다. "내 차를 너무 오래 끌고 다녀서 똥차가 됐어. 꼴 보기도 싫어"라고 말하면, 아무런 변화가 일어나지 않는다. 그러나 "나와 오랜 세월 함께한 내 차에 고마움이 커. 그런데 이제는 아쉽지만 보내줘야 할 것 같아. 오래 탔으니 이제 멋진 새 차를 탈 만한 것 같아"라고 한다면, 우리의 의식 속에 그와 같은 상황을 만들 기회의 통로가 열리게 될 것이다.

자신이 바라는 삶에 대해 긍정적인 확언을 해보라. 단한 가지 중요한 점은 항상 현재 시제로 확언하는 것이다. '내 지금 상태는 이렇다.' 혹은 '내가 현재 가진 감정이나 내가 처한 상태는 이렇다'라고 확언하며 현재 시제를 고

수한다. 당신의 잠재의식은 당신에게 너무나도 순종적인 하인이라는 점을 기억하라. 따라서 '이렇게 됐으면 좋겠어.' 혹은 '내가 갖고 싶은 것 혹은 내가 처했으면 하는 성황은 이거야'라고 미래 시제로 확언하면, 잠재의식은 현재를 떠나 미래에 머무른다. 현재 필요한 하인이 미래에 가 있으니 현재에는 도움을 줄 수 없다.

미국 소아외과 의사이자 작가 버니 시겔Bernie Siegel 박사의 베스트셀러《사랑, 약과 기적Love, Medicine & Miracles》에서는 "확언은 현재에 대한 부정이 아니라 미래에 대한 희망이다. 확언이 당신의 의식에 스며들도록 허락하라. 그러면 의식은 점차 확언을 믿게 되고, 당신의 눈앞에 현실로 나타나게 될 것이다"라고 말했다.

미러 워크Mirror Work

미러 워크도 매우 유용한 자기 성찰 방식이다. 거울은 우리가 자신에 대해 가지고 있는 감정을 투사한다. 우리가 즐겁고 만족스러운 삶을 살기 위해 변화해야 할 부분들을 분명히 보여준다.

나는 사람들에게 거울을 지날 때마다 자신 눈을 보고 자신에 대해 긍정적인 말을 하라고 얘기한다. 확언을 수련하는 가장 강력한 방법은 거울을 보고 큰 소리로 말하는 것이다. 갑자기 공허하게 느껴질 수 있겠지만 잠시뿐일 것이다.

이 책을 읽을 때 손거울을 가까이 두라. 깊은 성찰 수련을 위해서는 큰 거울을 사용하라.

심상화 Visualization

심상화는 원하는 결과를 얻기 위해 상상력을 사용하는 과정이다. 가장 간단하게 말하자면, 실제로 어떠한 상황이 일어나기 전에 자신이 원하는 대로 상상하는 것이다. 예를 들어, 당신이 새로운 집에서 살고 싶은 마음이 든다면, 자신이 원하는 주택이나 아파트를 최대한 구체적으로 상상해 보라. 실제 현실이 된 것처럼 마음에 그려본다. 그러고는 자신이 그 집에 살 자격이 된다고 확언하라. 자신이 그 집에서 살면서 일상을 사는 모습을 그려보라. 상상에는 정답이나 오답이 없으니 최대한 구체적이고 명확하게 상상하라. 심상화를 자주 하면서, 결과는 우주에 맡기고 자신이 원하는 최상의 것을 요청해보라. 심상화는 긍정 확언과 더불어 가장 강력한 도구이다.

받을 자격 Deservability

'내 주제에 어떻게 그것을 바라겠어?'라는 생각이 지배적일 때, 자신을 위한 바람직한 삶을 살기 위해 노력하기를 거부하기도 한다. '받을 자격이 없다'라는 믿음은 어린 시절의 경험에서 비롯될 수도 있다. 아마도 유아기의 배변 수련으로 거슬러 올라갈 수 있을 것이다. 한 톨도 남기지 않고 밥을 다 먹고, 방 청소를 잘하고, 장난감을 치워야 원하는 선물을 받을 수 있다는 부모님의 일방적인 잔소리도 큰 몫 했을 것이다. 아무리 어려도 그 순간 자신의 상태와 상황이 있을 텐데, 그것과 상관없이 누군가의 생각이나 잔소리를 그대로 받아들여야 했을 것이다.

받을 자격이란 무언가 좋은 것을 '받을 자격이 되는지'와는 무관하다. 본인의 의지와 무관하게 치고 들어오는 상황을 받아들이기 싫은 마음에 관한 것이다. 본인이 무

언가를 받을 자격이 되건 안 되건 상관없이 자기 주도적
으로 좋은 것을 받아들인다는 마음가짐을 가지라.

마음 수련: 받을 자격

다음의 질문을 읽고 최대한 솔직하게 답을 적어 보라. 받을 자격의 힘을 이해하는 데 도움이 될 것이다.

1. 현재는 갖고 있지 않지만 갖고 싶은 것이 있다면 무엇인가?(명확하게 구체적으로 적는다.)

....

....

....

....

....

....

....

....

....

2. 무언가를 받거나 받을 자격을 갖추기 위해 가정에서 지켜야 했던 법칙이나 규칙이 있었다면 무엇이었나?

부모가 어떻게 말했나? "이래서 그걸 받을 수나 있겠니?" 혹은 "한 대 제대로 맞아야겠어." 당신의 부모는 스스로 좋은 것을 받을 자격이 있다고 생각했는가? 당신은 부모에게 무엇을 받는 조건으로 항상 어떠한 노력을 들여야 했나? 부모와 이렇게 조건을 걸고 '딜(deal-거래)'을 하는 게 이해가 가던가? 당신이 잘못을 저질렀을 때, 갖고 있던 무언가를 빼앗기기도 했는가?

....

....

....

....

....

....

....

....

....

....

3. 당신은 좋은 무언가를 받을 자격이 된다고 생각하는가?

무언가를 받을 자격에 대해 생각하면 어떠한 이미지가 떠오르는가? "열심히 노력하다 보면 나중에 얻을 수 있겠지?" "우선 그걸 얻기 위해 무조건 노력해야겠다." 당신은 충분히 그걸 얻을 자격이 되는가? 아니면 과연 그러한 자격을 누릴 날이 올까?

....

....

....

....

....

....

....

....

....

....

....

4. 당신은 인생을 살 자격이 된다고 생각하는가?

이유는 무엇인가? "이런 인생, 살아서 뭐 해? 죽어도 싸지"라
고 생각하나? 그렇다면 혹시 어릴 적 특정 종교적 환경에서
자란 영향일 수도 있을까?

....

....

....

....

....

....

5. 어떠한 목표를 위해 인생을 살아간다고 생각하는가?

삶의 목적이 무엇인가? 인생에서 어떠한 의미를 부여해왔나?

....

....

....

....

....

....

6. 당신은 무엇을 받거나 누릴 자격이 되는가?

"나는 사랑 받을 자격, 기뻐할 자격, 모든 좋은 걸 누릴 자격이 된다." 아니면 마음 깊이 어떠한 것도 받거나 누릴 자격이 안 된다고 생각하나? 왜 그럴까? 이러한 메시지는 어디에서 나오는 것일까? 마음을 짓누르는 짐을 내려놓을 마음이 있나? 그 자리에는 무엇을 두고 싶은가? 이러한 생각들은 바꿀 수 있다는 것을 기억하라.

....

....

....

....

....

....

자신의 받을 자격을 어떻게 인식하는지에 따라 내적 힘이 영향을 받는다는 사실을 기억하라. 받을 자격에 대한 치료 방식을 시도해 보라. 간단히 말해 새로운 사고 패턴을 확립하고 오래된 사고 패턴을 해체하기 위해 자신이 어떠한 상황에 있든 실천할 수 있는 긍정 확언이다.

받을 자격에 대한 치유의 확언

나는 받을 자격이 된다. 나는 좋은 모든 것을 받을 자격이 있다. 일부도, 조금도 아닌, 모든 좋은 것을 말이다. 나는 이제 모든 부정적이고 막혀 있는 생각을 흘려보낸다. 나는 부모님의 한계가 나를 속박하지 않도록 흘려보낸다. 나는 부모님을 사랑하고 그들의 한계를 뛰어넘는다. 나는 부모님의 감정 쓰레기통도 아니고 편협한 신념의 스펀지도 아니다. 나는 현재 사회에서 사람들이 가진 두려움이나 편견에 구속되지 않는다. 내가 아는 어떠한 종류의 한계와도 이제는 나를 동일시하지 않는다.

내 마음속에는 완전한 자유가 있다. 나는 새로운 의식의 공간으로 들어가고, 그곳에서 자신을 다른 각도로 보려 한다. 나는 자신과 인생에 대한 새로운 생각을 만들어가고 싶다. 나의 새로운 생각은 새로운 경험을 선사할 것이다.

나는 우주의 번창하는 힘과 하나라는 사실을 알고 있고 그렇게 확언한다. 그렇기에 나는 여러 모습으로 번창할 수 있다. 내 앞에는 모든 가능성이 열려있다. 나는 내 인생을 살아갈 자격, 바람직한 삶을 살 자격이 있다. 나는 사랑을 받을 자격, 충만한 사랑을 받을 자격이 있다. 나는 건강을 누릴 자격이 있다. 나는 편안하게 살고 번창할 자격이 있다. 나는 기쁨과 행복을 누릴 자격이 있다. 나는 내가 원하는 만큼 자유로운 삶을 누릴 자격이 있다. 나는 그 이상을 누릴 자격이 있다. 나는 좋은 모든 것을 받을 자격이 있다.

우주는 내가 갖게 될 새로운 신념을 어떻게든 내게 보여주고 싶어 한다. 나는 우주가 보여주고 싶어 하는 기쁨, 행복, 감사로 삶을 내 것으로 받아들인다. 내가 그럴 만한 자격이 되기 때문이다. 나는 그러한 삶을 살 자격이 있다. 나는 그러한 삶이 현실이 된다는 것을 알고 있다.

2장
당신은 누구이고
어떠한 신념을 갖고 있는가?

"나는 나를 사랑의 눈으로 바라본다. 나는 불안함 없이 안전하다고 느낀다."

    이 장에서는 우리 스스로에 대해, 우리가 가진 신념이나 가치관에 대해 살펴보길 바란다. 우리가 믿는 신념에는 긍정적인 것들도 많다. 이러한 신념은 계속해서 키워나가고자 한다. 반면 부정적인 생각과 신념도 다수 갖고 있으면서 불편한 경험이 쌓여가고 있기도 하다. 우리의 앞길을 방해하는 모든 신념을 바꾸려면 무엇보다도 그 신념의 정체를 파악해야 한다. 다음 단어들의 목록을 보고,

각 단어가 당신에게 어떠한 의미인지 적어 본다. 예를 들어 당신은 다음의 문구에 동의하는가?

남자는 …

남자는 강하다.

남자는 권위적이다.

남자는 똑똑하다.

여자는 …

여자는 남자보다 돈을 적게 번다.

여자는 집 안 청소해야 한다.

여자는 부드럽고 온화한 성격을 지닌다.

사랑은 …

사랑은 인생에서 중요하지 않은 것이다.

나는 사랑 받기 위해 사랑한다.

사랑은 상실과 상처와 같은 의미다.

성관계는…

성관계는 즐겁다.

성관계는 결혼생활에서만 하는 것이다.

성관계는 통증을 유발한다.

일은…

일은 지루하다.

직장 상사들은 야비하다.

나 말고 다른 사람들은 좋은 직장을 갖고 있다.

돈은…

돈은 항상 부족하다.

나는 돈이 무섭다.

돈은 쓰라고 있는 것이다.

성공은…

성공은 나와 무관한 얘기다.

부자만 성공한다.

나는 사소한 것에서도 성공을 달성할 수 있다.

실패는…

실수하면, 실패한 기분이 든다.

실패는 무언가를 잘못 한다는 의미다.

실패는 교훈을 선사한다.

창조주는…

창조주는 나를 사랑한다.

나는 창조주의 뜻을 따른다.

나는 창조주가 두렵다.

이제 당신이 해볼 차례다. 이 단어들이 당신에게 어떠한 의미인지 생각하고, 떠오르는 모든 생각을 전부 다 기록한다.

남자는…

....

....

....

....

여자는…

....

....

....

사랑은…

....

....

....

성관계는…

....

....

....

일은…

....

....

....

돈은…

....
....
....

성공은…

....
....
....

실패는…

....
....
....

창조주는…

....
....
....

자, 글쓰기가 어려웠던 부분은 어느 단어이었는가? 그 부분에 관한 생각들이 상충하고 있는가? 답변 중에 몇 개가 부정적인가? 부정적인 답변 옆에 별표 표시를 적어 보라. 진정 이러한 믿음을 갖고 삶을 살아가고 싶은가? 진정한 본인의 생각이 아닌, 타인이 주입한 생각이라는 생각이 든다면, 과감히 그 생각을 떨쳐낼 수 있을 것이다.

마음 수련: 당신의 이야기

여기에서는 당신의 삶에 대한 짧은 이야기를 적어 볼 것이다. 유년 시절부터 시작한다. 필요에 따라 종이를 더 사용해도 좋다.

....

....

....

....

....

....

....

....

....

....

....

....

이 외에 어떠한 부정적인 생각으로 자신도 모르게 마음이 심란해지는가? 부정적인 생각이 수면 위로 올라오도록 한다. 예상치 못한 생각이 떠올라 놀라기도 할 것이다. 당신의 이야기를 적을 때 부정적인 생각은 몇 개나 떠올랐는가? 수면 위로 떠오른 부정적인 생각 하나하나가 당신에겐 보물과 다름없다. "요 녀석. 잘 찾았네. 바로 네가 내 마음을 들쑤셨던 거구나. 이제 너를 싹둑 잘라 버릴 수 있겠다."

이 외에도 부정적인 생각들을 더 끄집어내어 적어 본다.

....

....

....

....

....

....

....

....

....

....

이제는 손거울을 꺼내서 자신의 눈을 보고 마음속에 있던 모든 부정적인 메시지와 생각을 내보내려는 당신의 '의지'를 확언할 때이다. 이 수련을 할 때는 최대한 깊이 심호흡을 하고 최대한 큰소리로 외친다. "나는 나한테 이제는 자양분이 될 수 없는 낡고 오래된 부정적인 관념과 생각을 내보내고 싶다." 이 말을 세 번 반복한다.

내면 아이

우리 마음속에는 내면 아이가 있다. 길을 잃고 닳고 닳도록 거부당한 외로운 아이다. 오랜 세월 동안 내면 아이와 유일하게 나누었던 대화는 고작해야 그 아이를 비난하고 비판했던 때일 것이다. 내면 아이를 비참하게 하고 난 다음 우리는 왜 우리가 불행한지에 대해 의아해한다. 우리 일부를 거부한 상태에서 마음이 조화로운 상태이길 바랄 수는 없을 것이다. 치유의 과정에서는 우리 자신의 모든 조각을 한데 모아 이어 붙이면서 전체를 만들어 완전하게 하는 것이다. 오랜 세월 방치한 내면의 일부를 연결할 수 있는 수련을 해보자.

사진을 한 장 준비한다.

어렸을 때 사진 한 장이 필요하다. 갖고 있는 사진이 없다면 부모님에게 한 장 챙겨 달라고 요청한다. 사진이 준비되면, 그 사진을 뚫어져라 살펴본다. 뭐가 보이는가? 기쁨, 고통, 슬픔, 분노 혹은 두려움이 느껴질 수 있다. 당신은 이 아이를 사랑하는가? 이 아이를 공감할 수 있는가? 나는 5살 때 찍은 작은 사진을 가로 30㎝, 세로 40㎝로 확대해서 간직하여, 나의 내면 아이를 자세히 볼 수 있게 했다.

당신의 내면 아이에 관해 생각나는 단어를 몇 개 정도 적어보라.

....

....

....

....

....

....

....

....

그림을 그려본다.

크레파스나 사인펜 혹은 색연필을 몇 개 준비한다. 이 워크북
에 있는 종이를 사용해도 되지만, 필요에 따라 큰 도화지에 그
려도 좋다. 글 쓰는 손이 아닌 다른 손을 사용하여 (오른손잡이는
왼손으로, 왼손잡이는 오른손으로) 어릴 적 자신 모습을 그린다.

이 그림은 당신에게 어떠한 메시지를 전달하는가? 어떠한 색
상을 사용했는가? 아이는 어떠한 행동을 하고 있는가? 이 그
림을 묘사해 적는다.

....

....

....

....

....

....

....

....

....

내면 아이와의 대화

자신의 내면 아이와 잠시 대화를 해본다. 이 아이에 대해 더 많은 것을 알게 될 것이다. 다음의 질문을 해보라.

1. 내면 아이야, 너는 뭐 하는 걸 좋아하니?

....

....

....

....

....

....

2. 너는 어떤 걸 싫어하니?

....

....

....

....

....

....

3. 너는 뭐가 무섭니?

....

....

....

....

....

....

....

4. 너는 기분이 어떻니?

....

....

....

....

....

....

....

5. 너는 뭐가 필요하니?

....

....

....

....

....

....

....

6. 내가 어떻게 하면 네게 안전한 느낌을 줄까?

....

....

....

....

....

....

....

7. 내가 어떻게 하면 네가 행복해질까?

....

....

....

....

....

....

....

....

....

내면 아이와 의미 있는 대화를 나눠 보길 바란다. 그 아이를 위해 버팀목이 되어라. 그 아이를 안아주고 사랑해주며, 아이가 필요로 하는 것을 할 수 있는 만큼 해주라. 어떠한 일이 일어나건 말건 아이를 위해 있어 줄 것이라는 믿음을 심어주라. 이제 당신은 행복한 유년기를 새롭게 만들 수 있게 되었다. 이 수련은 눈을 감고하면 효과가 크다.

삶을 이끄는 힘
"나는 변화할 수 있는 내가 가진 내면의 힘을 믿는다."

이번 소 섹션은 이 책에서 가장 중요한 부분이 될 것이다. 당신 삶의 다양한 부분을 탐색하는 과정에서 이 섹션의 내용을 수시로 점검해보라. 일곱 가지 사항을 포스트잇에 3~4장 정도 적어서 잘 보이는 여러 곳에 붙여 둔다. 자주 읽고 암기하라. 소개하는 개념들이 당신의 신념 체계에 잘 녹아들기 시작하면, 삶을 다른 관점으로 보게 될 것이다.

1. 우리의 경험에 대한 책임은 우리에게 있다.
2. 우리 마음속의 모든 생각이 우리의 미래를 만든다.
3. 사람들은 분노, 비판, 죄책감, 자기혐오의 소모적인 패턴에 갇혀 있다.
4. 현재 존재하는 것은 현상이 아닌 생각뿐이며, 생각은 바뀔 수 있다.
5. 과거를 내보내고 모든 이를 용서해야 한다.
6. 지금 '현재의 순간'에 자기 자신을 인정하고 수용하

는 것이야말로 긍정적 변화로 가는 열쇠다.

7. 삶을 이끄는 힘은 항상 현재의 순간에 있다.

이 워크북의 마음 수련 과제를 실행하면서, 위의 일곱 가지 사항을 거듭 성찰할 필요가 있을 것이다. 특정 문제가 떠오를 때 지나치게 매몰되지 않도록 한다. 위의 생각들을 진정으로 받아들이며 당신의 신념 체계에 녹아들게 한다면, 어느 순간 당신에게는 '강력한 힘'이 생겨나고 문제가 자체적으로 해결되는 경우가 많다. 목표는 당신이 스스로에 대해 가진 생각, 당신이 사는 세상에 관한 생각을 바꾸는 것이다.

당신을 힘들게 하는 것은 사람, 장소, 사물이 아니다. 이러한 삶의 경험을 당신이 어떻게 '인식하고 대응하는지'가 힘듦을 좌우한다. 당신 삶의 주도권은 당신에게 있다. 당신의 삶에 대한 주도적인 힘을 놓아 버리지 말라. 당신 내면의 영혼으로서의 자아를 더 이해하는 법과 당신을 위해 좋은 것만 창조한 우주의 힘 안에서 삶을 사는 법을 배워나가라.

"나는
학습할 수 있는 권한을
내게 부여한다."

Part II

성찰의 과정

3장
건강
"나는 최적의 건강 상태로 내 몸을 회복하고 유지한다."

건강에 대한 체크리스트

☐ 나는 1년에 세 번은 감기에 걸린다.

☐ 현재 기력이 약한 편이다.

☐ 나는 치유 속도가 더딘 편이다.

☐ 시도 때도 없이 알레르기 반응이 올라온다.

☐ 우리 가족은 심장 쪽이 안 좋다.

☐ 허리가 쑤시는 등 요통을 달고 산다.

☐ 두통은 가신 적이 없다.

☐ 변비가 아닌 적이 거의 없다.

□ 항상 발에 통증이 있다.

□ 나는 수시로 몸을 자해한다.

이 중에서 몇 가지가 당신에게 해당한다고 생각하는가? 우선 건강에 관해 우리가 가진 생각부터 파헤쳐 보자.

증세가 나타난 우리 몸의 병은 그 원인이 무엇이라고 생각하는가? 나는 그 원인은 우리 자신에게 있다고 생각한다. 인생의 다른 모든 것이 그러하듯 몸은 내면의 생각과 신념을 나타내는 거울이다. 우리 몸은 항상 우리에게 신호를 보내고 있다. 우리가 시간을 내서 그 신호를 들어주기만 하면 된다. 우리 몸의 모든 세포는 우리의 생각 하나하나에 반응한다.

육체의 병 그 이면에 어떠한 생각의 패턴이 지배하는지 알 수만 있다면, 그 패턴을 바꿀 수 있는 잠재력이 생겨나서 결국 증세의 불편함(dis-ease, 루이스 헤이는 심신의 '질환 혹은 질병(disease)'에 대한 철자를 'dis-ease,' 즉 '편함(ease)'이 '없는 상태(dis)'로 표기하여 '불편함'으로 표기 하길 좋아한다 – 옮긴이)도 바꿀 수 있다. 누구나 몸에 불편한 부분이 없기를 바라지만, 우리가 안고 있는 모든 불편함은 우리에게 정보를 알려주는 스승의 역할을 한다. 현재 우리가 믿거나 행동하거나 생각하는 모든 것은 우리의 몸과 마음에 최상의 것들이 아니다. 나는 우리의 몸이 우리에게 매달려 "부탁이야. 제발 내 말 좀 들어줘!"라고 말하는 이미지가 항상 떠오른다.

때로는 아프길 '자청'하는 일도 있다. 현대 사회에서는 우리에게 주어진 책임이나 불편한 상황을 정당하게 회피하는 유일한 방법이 '몸이 안 좋다'는 것이다. 몸이 아프지 않은데 용기를 내어 이 책임이나 상황을 '이제는 감당할 수 없다'라고 말하지 못하면, 어쩔 수 없이 컨디션이 온전치 않은 '불편함(dis-ease)'을 만들어 내야 한다.

몇 년 전에 나는 흥미로운 글을 읽었다. 병원을 찾는 환자 중에 30%의 환자들만 의사의 지시사항을 따른다는 내용이었다. 《당신의 병을 사랑하세요Love Your Disease》라는 훌륭한 저서를 쓴 존 해리슨John Harrison 박사에 따르면, 다수의 사람이 병원에 가는 이유가 급성 통증을 완화해서 현재의 불편함(dis-ease)을 없애는 것이고, 딱히 그 이상의 것을 바라지 않는다. 의사는 환자의 몸 상태에 대해 환자가 지나치게 아는 척을 하면서 '분수를 넘는' 행동하면 굳이 처방전을 써줄 필요성을 못 느낀다. 마치 의사와 환자 간에는 이러한 암묵적이고 무의식적인 합의가 있는 것 같다. 그 합의에서는 '갑을'관계가 형성되어 환자는 돈을 내고 의사는 돈을 받고 지시를 내림으로써 쌍방이 만족하게 된다.

진정한 치유에는 몸, 마음, 영혼이 관여된다. 나는 우리가 증세나 질병을 '완치cure'하긴 했지만, 여전히 정서와 내적 영혼의 문제를 해결하지 못했다면 어쩔 수 없이 미결의 상태가 다시 증세로 나타난다.

마음 수련: 몸에서 건강 문제를 끊어 버리기

건강을 악화시킨 원인을 끊어 버릴 의지가 있는가? 거듭
강조하지만, 스스로 바뀌길 바라는 육체적 혹은 정신적
상태가 있다면 가장 먼저 이렇게 말하라. "나는 지금, 이
상태로 만든 원인을 끊어 버리고 싶다." 이 말을 다시 반
복하라. 거울을 보며 말하라. 당신을 괴롭히는 현재의 그
상태가 머릿속에 떠오를 때마다 이 말을 되뇌라. 변화를
맞이하는 첫 단계가 될 것이다.

1. 어머니가 앓고 있는 모든 증세를 나열하라.

....

....

....

....

....

....

2. 아버지가 앓고 있는 모든 증세를 나열하라.

3. 당신이 앓고 있는 모든 증세를 나열하라.

4. 세 사람의 증세에서 공통점이 나타나는가?

마음 수련: 건강한 상태와 심신의 불편한 상태

이제는 건강한 상태와 심신의 불편한 상태에 대한 당신의 생각을 살펴보자. 최대한 솔직하게 다음의 질문에 답해 본다.

1. 기억을 더듬어보면, 어릴 적 어떠한 증세로 몸과 마음이 아팠는가?

....

....

....

....

....

....

....

....

....

2. 부모님이 아파했던 증세를 떠올렸을 때 어떠한 생각이 들었는가?

....

....

....

....

....

....

3. 어릴 적 몸이 아팠을 당시 혹시라도 좋았던 점이 있었다면 무엇이었는가?

....

....

....

....

....

....

4. 어릴 적 아파했던 증세가 지금까지도 이어지고 있다고 생각하는가?

....

....

....

....

....

....

....

5. 지금의 심신 상태를 개선하기 위해 어떠한 노력을 했는가?

....

....

....

....

....

....

....

6. 심신의 건강 상태가 변하길 바라는가? 그렇다면 어떻게 바뀌길 바라는가?

....

....

....

....

....

....

....

....

....

....

....

....

....

....

....

마음 수련: 가벼운 아픈 증상에 관한 생각

최대한 솔직하게 다음의 문장을 완성해보라.

1. 내가 아픈 증상이 느껴질 때의 상황은…

....

....

....

....

....

2. 내가 최대한 아프지 않기 위해 피하려고 하는 상황은…

....

....

....

....

....

....

3. 혹시라도 컨디션이 안 좋을 때 항상 바라는 상황은…

....

....

....

....

....

....

....

....

4. 어릴 적 내가 아플 때마다 어머니는 항상…

....

....

....

....

....

....

....

5. 내가 아플 때 제일 두려운 상황은…

마음 수련: 확언의 힘

글로 적는 확언의 힘에 대해 알아보자. 확언을 적다 보면 그 힘이 배가될 수 있다. 당신의 건강에 대한 긍정 확언을 다음의 빈칸에 25가지 적어 보라. 본인이 직접 생각한 내용을 적어도 좋고, 다음의 내용을 참고해도 좋다.

1. 나는 이미 치유되고 있다.
2. 나는 내 몸이 전하는 신호를 애정을 갖고 받아들인다.
3. 내 건강 상태는 현재 밝고 활기차고 역동적이다.
4. 나는 나의 완벽한 건강 상태에 감사하다.
5. 나는 좋은 건강을 누릴 자격이 있다.
6.
7.
8.
9.
10.
11.

11.

12.

13.

14.

15.

16.

17.

18.

19.

20.

21.

22.

23.

24.

25.

마음 수련: 자기 가치

자기 가치의 문제에 대해 생각해 보자. 다음의 질문에 답하면서, 각 질문에 대해 긍정 확언의 문구를 하나씩 만들어보라.

1. 내가 좋은 건강을 누릴 자격이 있는가?

예시: 없다. 가족력 질환이 있다.

당신의 예시: (직접 예시를 생각해서 적어 본다)

....

....

....

확언 예시: 나는 현재 완벽한 건강 상태를 맞이하고 있고, 그럴 자격이 있다.

당신의 확언:

....

....

....

2. 내 건강에 대해 내가 가장 두려운 부분은 무엇인가?

예시: 나는 내가 몸이 아플 것 같아 불안하다.

당신의 예시:

....

....

....

확언 예시: 지금 건강이 좋아 마음이 편하다. 나는 항상 사랑을
받고 있다.

당신의 확언:

....

....

....

3. 이러한 생각을 함으로써 내게 어떠한 '이로운 점'이 있는
가?

예시: 모든 게 내 탓이라는 부담을 지울 수 있다.

당신의 예시:

....

....

확언 예시: 나는 자신감이 넘치고 마음 상태도 안정적이다. 삶의 무게가 가볍다.

당신의 확언:

....

....

....

4. 내가 이 생각을 놓아 버린다고 했을 때, 어떠한 점이 두려운가?

예시: 내가 지금보다 철이 들어야 할 것 같다.

당신의 예시:

....

....

....

확언의 예시: 철이 들어 성숙해져도 무방하다.

당신의 확언:

....

....

....

3장 첫 페이지의 도입부에 나와 있는 '건강에 대한 체크리스트 점검한 후, 각 항목의 생각에 대한 확언을 검토해 보라. 이러한 확언을 되뇌는 것이 일상의 루틴이 되게 하라. 차 안에서, 직장에서, 거울 앞에서 확언해 봐도 좋고, 부정적인 생각이 떠오를 때마다 해도 좋다.

··· 당신의 생각

⇨ **당신의 확언**

··· 나는 1년에 세 번은 감기에 걸린다.

⇨ 항상 내 몸과 마음은 안전하고 안정적인 상태이다. 내 주변에서 사랑의 기운이 나를 감싸고 나를 보호해 준다.

··· 현재 기력이 약한 편이다.

⇨ 나는 기력과 활기로 가득 차 있다.

··· 나는 치유 속도가 더딘 편이다.

⇨ 나는 치유 속도가 빠르다.

… 시도 때도 없이 알레르기 반응이 올라온다.

⇨ 내가 사는 세상은 안전하다. 나는 심신이 안정된 상태에 있다. 내 인생은 평화롭다.

… 우리 가족은 심장 쪽이 안 좋다.

⇨ 나는 건강하고 온전하다.

… 허리가 쑤시는 등 요통을 달고 산다.

⇨ 나는 인생에서 사랑과 도움을 가득 받고 있다. 나는 심신이 안정된 상태에 있다.

… 두통은 가신 적이 없다.

⇨ 내 마음은 평화롭고 나의 모든 상황이 온전하다.

… 변비가 아닌 적이 손을 꼽을 정도다.

⇨ 나는 삶이 물 흐르듯 흘러가도록 허락한다.

… 항상 발에 통증이 있다.

⇨ 나는 편안한 발걸음으로 앞을 향해 나아가고 싶다.

··· 나는 수시로 몸을 자해한다.

⇨ 나는 내 몸을 소중히 대한다. 나는 나 자신을 사랑한다.

"나는
내가 건강할 수 있는 권한을
내게 부여한다."

삶을 이끄는 힘

◇◇◇◇◇◇◇◇◇◇◇◇◇◇◇◇◇◇

1. 우리의 경험에 대한 책임은 우리에게 있다.

2. 우리 마음속의 모든 생각이 우리의 미래를 만든다.

3. 사람들은 분노, 비판, 죄책감, 자기혐오의 소모적인 패턴에 갇혀 있다.

4. 현재 존재하는 것은 현상이 아닌 생각뿐이며, 생각은 바뀔 수 있다.

5. 과거를 내보내고 모든 이를 용서해야 한다.

6. 지금 '현재의 순간'에 자기 자신을 인정하고 수용하는 것이야말로 긍정적 변화로 가는 열쇠다.

7. 삶을 이끄는 힘은 항상 현재의 순간에 있다.

4장
좋은 기분을 유지하는 방법
"편안한 상태가 되는 것은 나만의 신성한 권리다."

기분 좋음에 대한 체크리스트

☐ 나는 항상 불안하다.

☐ 나는 사람들이 무섭다.

☐ 외로움을 강렬하게 느낀다.

☐ 나는 내 감정을 표현하기가 어렵다.

☐ 나는 이성을 잃으며 폭발할 때가 있다.

☐ 나는 그 어떤 것에도 집중이 안 된다.

☐ 모든 사람이 나의 적이다.

☐ 나는 내 권리를 주장하지 못한다.

☐ 실패한 인생이란 생각이 든다.

☐ 눈에 띄지 않게 숨고 싶은 욕구가 강하다.

위에서 표현한 감정 중에 본인의 이야기 같다고 생각하는 감정이 있는가? 당신의 몸 건강만큼 중요한 것이 마음의 건강이니 충분한 돌봄이 필요하다.

우리를 괴롭히는 온갖 문제 중에서 정서적인 문제만큼 가슴을 후벼 파는 것도 없을 것이다. 때로는 화가 나고, 슬프고, 외롭고, 죄책감이 들고, 불안하거나 두렵다. 이러한 감정이 우리를 압도하여 지배적으로 작용하게 되면, 인생은 온갖 감정이 소용돌이치는 전쟁터가 된다.

이때 중요한 것은 우리가 우리의 감정을 어떠한 '행동으로 표출하는지'다. 느끼는 감정 그대로를 행동으로 드러낼 것인가? 원수를 벌하거나 무턱대고 있는 감정을 쏟아부어 버릴 것인가? 어떠한 방식으로든 자신을 학대할 것인가?

이러한 문제의 뿌리를 거슬러 올라가면 거기에는 우리 스스로가 부족함이 너무 많다는 자책이 있다. 정신적으로 건강한 상태란 자신을 사랑하는 것에서 시작된다. 자신의 장점뿐만 아니라 단점을 포함하여 자신을 완전히 사랑하고 인정할 때, 변화가 시작될 수 있다.

자신을 있는 그대로 받아들이는 '자기 수용'을 실천하려면, 나에 대한 타인의 편견이나 생각을 버려야 한다. '내가 어떠한 사람인가'에 대한 내 생각은 남들이 주입한 것에 불과하여 사실과는 거리가 멀 가능성이 크다.

예를 들어 몇 년 전에 내가 개인적으로 상담을 하던 내담자 중에 에릭이라는 청년이 있었다. 그의 직업은 전문 모델이었고, 누가 봐도 미소를 짓게 하는 대단한 미남이었다. 그는 내게 자신이 못생긴 것 때문에 헬스장에 갈 때마다 괴로웠다고 말했다.

상담을 거듭하면서 어릴 적 동네 친구가 그를 괴롭히며 '못생긴 놈'이라고 불렀다는 사실을 알게 되었다. 그를 수시로 때리며 항상 협박했다고 했다. 에릭은 그 친구를 피해 혼자 안전하게 있기 위해 숨을 곳을 찾아다녔고, 자신이 부족한 게 많은 못난 사람이라고 받아들였다. 내면의 그는 자신을 못생겼다고 생각했다.

에릭은 미러 워크, 자기애 및 긍정 확언 수련을 거듭하면서 엄청나게 상태가 개선되었다. 때때로 불안감이 들기도 했지만, 이제는 그럴 때마다 감정을 다스리는 방법을 활용하면 되었다.

스스로에 대해 품고 있는 부정적인 생각에서부터 자신의 미흡함에 대한 감정이 생겨난다는 점을 기억하라. 그러나 우리가 직접 이와 같은 생각에 대해 주도권을 갖고 조절하지 않는 한, 우리에게 어떠한 영향력도 행사할 수 없다. 그 감정에 의미를 부여하는 주체는 바로 '우리'다. 마음속의 부정적인 메시지에 거듭 신경을 쏟으면서 의미를 부여하고 있는 것도 우리 자신이다. 우리는 스스로에 대해 가장 부정적인 부분만 생각한다. 그러나 생각에 어떠한 의미를 부여할 것인지를 선택하는 주체는 바로 '우리'다.

우리가 어떠한 고통 중에 있더라도, 우리에게 자양분이 되고 힘을 실어줄 생각만 선택적으로 품어 보자.

미러 워크

스스로가 마음이 평화롭고 온화한 상태를 누릴 자격이 된다는 것을 믿고 있는가? 그럴 자격이 안 된다는 생각이 들면, 그러한 마음 상태가 되는 것을 자신에게 허락하지 않는 것과 같다. 거울을 보고, "나는 내적 평화를 누릴 자격이 되고, 이제 그 상태를 받아들인다."라고 말해 보라. 이 말을 몇 번 반복해보라.

1. 어떠한 감정이 올라오는가?

....

....

....

....

2. 몸에서는 어떠한 느낌이 드는가?

....

....

....

3. 아직도 내적 평화가 본인에게 사치라는 생각이 드는가?
혹은 그런 걸 누릴 자격이 안 된다고 느끼는가?

....

....

....

....

....

몸에서 부정적인 감정이 조금이라도 느껴진다면, "나는 의식 속에서 나의 온전함을 방해하는 생각의 패턴을 끊어 버린다. 나는 좋은 기분을 느낄 자격이 된다."라고 확언한다.

자신을 받아들인다는 느낌이 들 때까지 이 확언 수련을 반복하라. 몇 차례 이어서 해보라. 이러한 수련을 하다보면 가끔 '왜 굳이 이걸 해야 하지?'라는 생각이 들 수도 있다. 이렇게 해 봤자 과연 자신이 변할지 의아해하기도 할 것이다. 그러나 나는 직접 많은 이들이 변화하는 모습을 지켜봤다. 한 번에 한 단계씩 실행하다 보면 기적이 일어날 것이다.

마음 수련: 내면 아이와 잘 지내기

하던 일에 집중하기 힘들 정도로 불안감이나 두려움에 휩싸이는 순간이 있을 것이다. 그럴 때는 당신의 내면 아이를 방치한 신호일 수 있다. 몇 가지 방법을 통해 내면 아이를 들여다볼 수 있을 것이다. 아이와 어떻게 재미있는 시간을 보낼 수 있을까? '오로지 당신만을 위한' 시간을 보내려면 무엇을 하면 좋겠는가?

내면 아이와 잘 지낼 수 있는 15가지 방법을 적어 보라. 좋은 책을 읽거나, 영화를 보거나, 정원을 돌보거나, 일기를 쓰거나, 따뜻한 물에 목욕해도 좋다. 아니면 '애들이 열광하는' 활동을 해보는 것도 좋다. 내면 아이가 '뭘 좋아할지'에만 집중해보라. 해변을 달리거나 놀이터에 가서 그네를 타거나 크레파스로 그림을 그리거나 나무에 올라가도 좋다. 이 리스트 작성이 끝나면, 매일 최소 한가지 활동은 실천해보도록 노력하라. 자, 본격적으로 치유가 시작되게 하라!

내면 아이와 잘 지낼 수 있는 15가지 방법

1.

2.

3.

4.

5.

6.

7.

8.

9.

10.

11.

12.

13.

14.

15.

이렇게나 많은 생각을 해냈다. 더 많이 생각해 보라. 당신, 그리고 당신의 내면 아이가 너무나도 잘 지내는 방법이 될 것이다. 두 사람의 관계가 치유되는 과정을 느껴본다.

마음 수련: 감사 리스트

어떠한 대상들에 대해 감사함을 느끼는가? 당신은 하루를 어떻게 시작하는가? 아침에 일어나자마자 처음으로 하는 말이 무엇인가? 긍정적인 말인가, 아니면 부정적인 말인가? 나는 내 삶에서 좋은 모든 것에 대해 감사하는 데 매일 10분 정도의 시간을 할애한다. 당신의 삶에서 감사히 여기는 최소 10가지 것들을 나열해보라. 이 리스트를 작성하는 데 한 달이 걸릴 수도 있다. 전혀 상관없다. 별도의 시간제한이 없으니 어느 때라도 리스트를 추가하면 된다. 적기 전에 눈을 감고 진지하게 생각해 본다.

당신의 삶에서 감사히 여기는 10가지

1.

2.

3.

4.

5.

6.

7.

8.

9.

10.

마음 수련: 긍정적인 감정

이제는 당신의 감정을 살펴보자. 다음의 공란에는 자신에
대해 긍정적인 것들을 50가지 적어 본다. 이 수련을 할 때
자신의 감정에 집중해 보라. 혹시 감정에 저항이 있는가?
긍정적인 관점에서 자신을 바라보기가 어려운가? 힘들어
도 계속 작성한다. 당신 내면에 얼마나 위대한 힘이 있다
는 사실을 기억하라!

나 자신에 대해 긍정적인 50가지

1.

2.

3.

4.

5.

6.

7.

8.

9.

10.

11.

12.

13.

14.

15.

16.

17.

18.

19.

20.

21.

22.

23.

24.

25.

26.

27.

28.

29.

30.

31.

32.

33.

34.

35.

36.

37.

38.

39.

40

41.

42.

43.

44.

45.

46.

47.

48.

49.

50.

    4장 첫 페이지의 도입부에 실린 체크리스트를 다음 페이지에서 다시 확인해 보라. 각 생각에 맞는 확언을 찾아보라. 각 항목의 생각에 대한 확언을 검토해 보라. 이러한 확언을 되뇌는 것이 일상의 루틴이 되게 하라.

⋯ 당신의 생각

⇨ **당신의 확언**

⋯ 나는 항상 불안하다.

⇨ 나는 마음이 평화롭다.

⋯ 나는 사람들이 무섭다.

⇨ 나 자신을 사랑하고 받아들일 때, 다른 사람들을 사랑하는 일이 쉬워진다.

··· 외로움을 강렬하게 느낀다.

⇨ 나는 안전함을 느낀다. 외로움도 변화를 향한 일부일 뿐이다.

··· 나는 내 감정을 표현하기가 어렵다.

⇨ 내 감정을 표현해도 아무런 문제가 일어나지 않는다.

··· 나는 이성을 잃으며 폭발할 때가 있다.

⇨ 자신과 인생에 대해 내적 평화를 느낀다.

··· 나는 그 어떤 것에도 집중이 안 된다.

⇨ 내적 시야는 또렷하고 안개가 없다.

··· 모든 사람이 나의 적이다.

⇨ 나는 사랑스럽고 모든 이가 나를 사랑한다.

··· 나는 내 권리를 주장하지 못한다.

⇨ 나는 있는 그대로의 나를 사랑하고 내가 지닌 능력을 지혜롭게 발휘한다.

··· 실패한 인생이란 생각이 든다.

➪ 나는 성공한 삶을 살고 있다.

··· 눈에 띄지 않게 숨고 싶은 욕구가 강하다.

➪ 나는 이제 오랜 두려움과 한계를 뛰어넘는다.

"나는
마음이 편안할 수 있는 권한을
내게 부여한다."

삶을 이끄는 힘

◇◇◇◇◇◇◇◇◇◇◇◇◇◇◇◇◇◇◇◇◇◇

1. 우리의 경험에 대한 책임은 우리에게 있다.

2. 우리 마음속의 모든 생각이 우리의 미래를 만든다.

3. 사람들은 분노, 비판, 죄책감, 자기혐오의 소모적인 패턴에 갇혀 있다.

4. 현재 존재하는 것은 현상이 아닌 생각뿐이며, 생각은 바뀔 수 있다.

5. 과거를 내보내고 모든 이를 용서해야 한다.

6. 지금 '현재의 순간'에 자기 자신을 인정하고 수용하는 것이야말로 긍정적 변화로 가는 열쇠다.

7. 삶을 이끄는 힘은 항상 현재의 순간에 있다.

5장
두려움과 공포

"두려움은 단순히 생각에 불과하다.
그리고 생각은 끊어 버릴 수 있는 것이다."

두려움과 공포에 대한 체크리스트

☐ 나는 이 집을 나갈까 봐 두렵다.

☐ 아무리 좋은 방법이라고 해도 내가 하면 망한다.

☐ 나이를 먹는 게 겁이 난다.

☐ 나는 비행기를 타는 게 두렵다.

☐ 나는 대인공포증이 있다.

☐ 내가 집을 빼앗겨 노숙자가 되면 어떡하지?

☐ 차를 운전할 때 폐쇄공포증을 느낀다.

☐ 고통스럽게 죽으면 어떡하지?

☐ 나는 혼자 있을 때가 두렵다.

☐ 나는 내가 나이 들어간다는 사실을 받아들일 수 없을 것 같다.

이 중에서 몇 가지가 당신에 해당하는가? 두려움을 둘러싼 심리 작용을 파헤쳐 보자.

어떠한 상황에서도 우리가 애정을 품을 것인지, 아니면 두려움에 벌벌 떨 것인지를 선택할 수 있다고 생각한다. 우리는 변화에 대한 두려움, 변화하지 않는 데서 느껴지는 두려움, 미래에 대한 두려움, 도전에 대한 두려움을 경험한다. 친밀함을 두려워하기도 하고 혼자 남겨지는 것을 두려워한다. 또한 우리에게 필요한 것이 무엇이고 우리가 어떠한 사람인지 있는 그대로 보여주는 것을 두려워한다. 과거를 흘려보내는 것도 두렵다.

두려움의 정반대 방향에는 애정, 즉 사랑이 있다. 사랑은 우리가 모두 고대하는 기적과도 같다. 우리 자신을 사랑하면 우리의 삶에 기적이 일어난다. 과도한 자기애로 인한 허영심이나 거만함을 이야기하는 것이 아니다. 이와 같은 감정은 사랑이 아니기 때문이다. 오히려 그것은 두려움에서 비롯된다. 내가 강조하는 것은 스스로에 대한 깊은 존중심을 품고 우리의 몸과 마음이 일으킬 수 있는 기적에 감사의 마음을 갖는 것이다.

두려운 마음이 들 때마다 자신을 사랑하지도, 신뢰하지도 않는다는 사실을 상기하라. '나는 부족한 사람이야'라는 감정이 자리를 잡을 때, 결정 장애를 동반한다. 자신에 대한 확신도 안 서는데 어떻게 후회 없는 결정을 할 수 있단 말인가?

수잔 제퍼스Susan Jeffers는 그녀의 훌륭한 저서 《두려움을 용기로 바꿀 수만 있다면Feel the Fear and Do It Anyway》에서 "만약 모든 사람이 삶에서 완전히 새로운 것을 시도할 때 두려움을 느낀다면─실제로 많은 사람이 두려움을 견뎌내며 '새로운 것을 실행하고 있다.─두려움 자체는 크게 문제가 아니다." 그녀는 문제는 두려움 그 자체가 아니라, 우리가 그 두려움을 어떻게 '붙잡고 있는가'이다. 두려움을 안고 있다는 사실 자체는 별로 중요한 문제가 아니다.

우리는 문제 같아 보이는 것을 파악한 이후에야 진정한 문제가 무엇인지 알게 된다. 자신이 '충분히 잘하고 있고 좋은 사람이라는 점'을 느끼지 못하고 자기를 사랑하는 마음이 부족한 것이 문제다.

우리는 매 순간 완벽하고 아름답게 변화하고 있다. 우리는 스스로 가진 이해력, 지식, 인식을 활용해 최선을 다해 살아가고 있다. 우리가 성장하면서 변화를 거듭할수록, 우리가 가진 '최고의 장점들'은 거듭 개선될 것이다.

마음 수련: 내려놓기

이 수련 내용을 읽을 때는 심호흡을 한다. 숨을 내쉬면서 완전히 몸의 긴장을 푼다. 두피, 이마, 얼굴의 긴장을 푼다. 글을 읽어 나가야 하겠지만 머리의 긴장을 푼다. 혀, 목구멍, 어깨의 긴장을 푼다. 긴장이 풀린 양팔과 양손을 이용해 책을 든다. 지금 한번 이 동작을 해보길 바란다. 등과 복부, 골반의 긴장을 푼다. 다리와 발의 긴장을 풀면서 편안하게 호흡한다.

앞 문단을 읽기 시작하고 나서부터 몸에서 큰 변화가 느껴지는가? 변화된 몸의 상태를 얼마나 유지할 수 있을지 관찰하라. 몸으로 천천히 변화를 느낄 수 있다면, 마음에서도 변화가 일어난다.

이렇게 긴장을 풀고 편안한 자세에서 자신에게 이렇게 말한다. "나는 긴장을 내려놓는다. 긴장을 흘려보낸다. 내려놓는다. 모든 긴장을 내보낸다. 모든 두려움을 내보낸다. 모든 분노를 내보낸다. 모든 죄책감을 내보낸다. 모든 슬픔을 내보낸다. 오랜 한계점들을 내려놓는다. 이렇게

다 내려놓고 나는 편안한 상태에 있다. 나는 나에 대해 편안한 마음이다. 인생의 과정에 대해 편안한 마음이다. 나는 심신이 안정적이다."

이 훈련을 2~3회 반복하라. 내려놓기가 쉬워지는 느낌을 느껴보라. 힘든 생각이 올라올 때마다 이 수련을 반복한다. 일상의 루틴으로 자리 잡기까지 약간의 연습이 필요하다. 그러나 이 연습이 익숙해지면, 언제나 어디에서나 이 수련을 할 수 있다. 어떠한 상황에서도 완전히 이완할 수 있을 것이다.

마음 수련: 두려움과 확언

아래의 각 항목을 읽고, 가장 두려워하는 것이 무엇인지 적는다. 그런 다음 이에 적합한 긍정 확언을 생각한다.

1. 직업

예시: 내 능력을 인정해주는 사람이 없을 것 같아 두렵다.

당신의 두려움:

....

....

확언의 예시: 직장에서 다들 내가 하는 일에 대해 고맙게 생각한다.

당신의 확언:

....

....

....

....

예시: 내 명의로 된 집을 평생 못 얻을 것이다.

당신의 두려움:

....

....

....

확언의 예시: 내가 살 수 있는 완벽한 집이 있고, 나는 이제 이

사실을 받아들인다.

당신의 확언:

....

....

....

3. 가족 관계

예시: 부모님은 있는 그대로의 내 모습을 받아들이지 못할 것

이다.

당신의 두려움:

....

....

....

확언 예시: 나는 부모님을 받아들이고, 부모님도 나를 있는 그 대로 받아들이며 나를 사랑해준다.

당신의 확언:

....

....

....

4. 돈

예시: 빈털터리가 될까 봐 겁난다.

당신의 두려움:

....

....

....

확언 예시: 나는 내가 필요로 하는 게 전부 충족될 것이라고 믿는다.

당신의 확언:

....

....

....

5. 외모

예시: 나는 내가 뚱뚱하고 못생겼다고 생각한다.

당신의 두려움:

....

....

....

확언 예시: 내 몸에 대해 비판해야 한다는 생각 자체를 놓아버린다.

당신의 확언:

....

....

....

6. 성관계

예시: 상대를 위해 애써 '노력'해야 할 것 같아 겁난다.

당신의 두려움:

....

....

....

확언 예시: 나는 평온한 상태이고, 애쓰지 않고 자연스럽게 마음이 가는 대로 행동한다.

당신의 확언:

....

....

....

7. 건강

예시: 몸이 아파서 누군가의 간호가 필요할 것 같아 두렵다.

당신의 두려움:

....

....

....

확언 예시: 나는 내가 필요로 하는 도움을 언제라도 받을 수 있을 것이다.

당신의 확언:

....

....

....

8. 대인관계

예시: 과연 나를 사랑해줄 사람이 있을까 싶다.

당신의 두려움:

....

....

....

확언 예시: 사랑과 수용의 주체는 나 자신이다. 나는 자신을 사랑한다.

당신의 확언:

....

....

....

9. 나이를 먹는 것

예시: 나는 나이를 먹는 게 두렵다.

당신의 두려움:

....

....

....

확언 예시: 어떠한 나이라도 무한한 가능성을 안고 있다.

당신의 확언:

....

....

....

10. 죽음, 그리고 죽음을 준비하는 것

예시: 사후 세계가 없으면 어떡하지?

당신의 두려움:

....

....

....

확언 예시: 나는 삶이 돌고 돈다는 사실을 믿는다. 나는 끝없는 무한 삶의 여정에 있다.

당신의 확언:

....

....

....

마음 수련: 긍정 확언

당신이 마지막으로 했던 성찰 수련에서 가장 크게 다가왔
던 두려움에 대해 생각해 보라. 당신이 두려움을 뚫고 나
아가면서 긍정적인 결과를 도출하는 모습을 상상하면서
심상화해 보라. 자유롭고 평온한 마음이 느껴질 것이다.
긍정 확언 하나를 떠올려서 25번 반복해서 적어 본다. 이
수련을 통해 당신에게 새로운 힘이 부여될 것이라는 사실
을 기억하라!

1.

2.

3.

4.

5.

6.

7.

8.

9.

10.

11.

12.

13.

14.

15.

16.

17.

18.

19.

20.

21.

22.

23.

24.

25.

5장 첫 페이지 도입부에 실린 생각에 관한 체크리스트를 다시 확인한 다음, 각 생각에 맞는 확언을 찾아보라. 이러한 확언을 되뇌는 것이 일상의 루틴이 되게 하라. 차 안에서, 직장에서, 거울 앞에서 확언해 봐도 좋고, 부정적인 생각이 떠오를 때마다 해도 좋다.

... 당신의 생각

⇨ **당신의 확언**

... 나는 이 집을 나갈까 봐 두렵다.

⇨ **나는 항상 안전한 상태이고, 적절히 보호받고 있다.**

... 아무리 좋은 방법이라고 해도 내가 하면 망한다.

⇨ **내가 내리는 결정들은 항상 내게 가장 완벽한 것들이다.**

... 나이를 먹는 게 겁이 난다.

⇨ **내 나이는 그 자체로 완벽하고, 나는 새로운 매 순간을 충만하게 즐긴다.**

··· 나는 비행기를 타는 게 두렵다.

⇨ 안전함의 정중앙에 내가 있고, 내 인생에 흠결이 없다
는 사실을 받아들인다.

··· 나는 대인공포증이 있다.

⇨ 나는 어디를 가든 사랑을 받고 안심이 된다.

··· 내가 집을 빼앗겨 노숙자가 되면 어떡하지?

⇨ 나는 이 우주 속에서 편안함을 느낀다.

··· 차를 운전할 때 폐소공포증을 느낀다.

⇨ 나는 긴장을 풀면서 기쁘고 편안한 상태로 이동한다.

··· 고통스럽게 죽으면 어떡하지?

⇨ 나는 적당한 시기에 평화롭고 편안하게 눈을 감게 될
것이다.

··· 나는 혼자 있을 때가 두렵다.

⇨ 나는 사랑을 표현할 줄 아는 사람이고, 내가 어디를

가든지 항상 사랑을 받는다.

"나는
평화로울 수 있는 권한을
내게 부여한다."

삶을 이끄는 힘

◇◇◇◇◇◇◇◇◇◇◇◇◇◇◇◇

1. 우리의 경험에 대한 책임은 우리에게 있다.

2. 우리 마음속의 모든 생각이 우리의 미래를 만든다.

3. 사람들은 분노, 비판, 죄책감, 자기혐오의 소모적인 패턴에 갇혀 있다.

4. 현재 존재하는 것은 현상이 아닌 생각뿐이며, 생각은 바뀔 수 있다.

5. 과거를 내보내고 모든 이를 용서해야 한다.

6. 지금 '현재의 순간'에 자기 자신을 인정하고 수용하는 것이야말로 긍정적 변화로 가는 열쇠다.

7. 삶을 이끄는 힘은 항상 현재의 순간에 있다.

6장
분노
"나는 나의 모든 감정을 사랑으로 받아들인다."

분노에 대한 체크리스트(점검표?)

☐ 나는 분노를 느끼는 게 두렵다.

☐ 나는 화를 내면 통제력을 잃게 된다.

☐ 내겐 화를 낼 권리가 없다.

☐ 분노는 나쁜 것이다.

☐ 누가 화를 낼 때 두려움에 떨게 된다.

☐ 화를 내는 건 불안함을 초래한다.

☐ 부모님은 내가 화를 표출하도록 내버려 두지 않을 것이다.

☐ 내가 화를 내면 사랑을 받지 못할 것이다.

☐ 나는 치솟는 화를 숨기고 살아야 한다.

☐ 화를 꾹꾹 누르면 가슴이 너무 답답하다.

☐ 나는 화를 제대로 낸 적이 없다.

☐ 내가 화를 내면 누군가에게 상처를 가하게 될 것이다.

위의 감정 중에 해당하는 것이 있는가? 분노는 당신이 마주한 거대한 걸림돌 중의 하나일 수 있다.

분노는 자연스럽고 정상적인 감정 상태다. 아기들은 화가 나면 화를 실컷 표출하고 나서는 평정심을 찾게 된다. 그런데 성인들은 대다수가 화를 내는 것이 바람직하지 않고, 예의에 어긋나며, 받아들여지기 어렵다고 생각한다. 우리는 분노의 감정을 내색하지 않고 삼키는 법을 터득한다. 그리고 그 감정은 우리의 몸 안에 관절과 근육에 속속들이 침잠하게 된다. 그러다 결국 쌓여서 큰 원망이 된다. 마음에 묻은 분노는 켜켜이 쌓여 원망이 되고, 관절염, 여러 부위의 통증, 그리고 심하면 암과 같은 질환, 즉 몸이 편치 않은 상태, 불편함(dis-ease)이 된다.

우리는 분노를 비롯해 모든 종류의 감정을 있는 그대로 인정하고, 이러한 감정을 표출할 수 있는 긍정적인 방법들을 모색해야 한다. 굳이 분노의 대상을 공격하거나 못 살게 굴 필요 없이 단순 명료하게 "이러면 내가 화가 나" 혹은 "네가 이렇게 행동할 때마다 내가 화가 나"라고 말할 수 있을 것이다. 이렇게 말할 수 있는 상황이 아니라면, 다른 방법들을 이용할 수 있다. 베개에 얼굴을 묻고 소리를 질러도 좋다. 침대에 주먹을 휘두르거나 베개를 발로 차도 좋다. 러닝을 하거나, 차에서 창문을 끝까지 올리고 크게 소리를 질러도 좋다. 테니스를 치는 것도 추천한다. 이렇게 건전한 방식으로 분노를 표출할 수 있다.

1. 가족들은 어떠한 방식으로 분노를 표출했는가?

....

....

....

....

....

....

....

....

2. 아버지는 화가 날 때 어떠한 행동을 보였는가?

....

....

....

....

....

....

....

3. 어머니는 화가 날 때 어떠한 행동을 보였는가?

....

....

....

....

....

....

....

....

4. 형제나 자매들은 화가 날 때 어떠한 행동을 보였는가?

5. 가족 중에 분노의 희생양이 있었는가?

6. 어릴 적에 화가 나면 어떠한 행동을 보였는가?

....

....

....

....

....

....

....

....

7. 화를 밖으로 표출했는가, 아니면 안으로 삭혔는가?

....

....

....

....

....

....

....

....

8. 어떠한 방식으로 화를 억눌렀는가?

....

....

....

....

....

....

....

....

....

....

9. 당신에게 해당하는 사항에 표기한다.

··· 항상 과식하는 편이었는가? ☐ 그렇다 ☐ 그렇지 않다

··· 항상 몸이 아팠는가? ☐ 그렇다 ☐ 그렇지 않다

··· 사고뭉치였는가? ☐ 그렇다 ☐ 그렇지 않다

··· 싸움에 자주 휘말렸는가? ☐ 그렇다 ☐ 그렇지 않다

··· 가난한 학생 시절을 보냈는가? ☐ 그렇다 ☐ 그렇지 않다

··· 울보였는가? ☐ 그렇다 ☐ 그렇지 않다

10. 지금은 분노를 어떻게 관리하는가?

....

....

....

....

....

....

....

....

11. 가족에서 분노에 관한 공통된 패턴이 느껴지는가?

....

....

....

....

....

....

....

....

12. 당신은 가족 중에 누구와 비슷한 방식으로 분노를 표출하는가?

....

....

....

....

....

....

....

13. 당신에게는 화를 낼 '권리'가 있는가?

....

....

....

....

....

....

....

14. 왜 없다고 생각하는가? 누가 그렇게 말했는가?

15. 적절한 방식으로 당신의 모든 감정을 표현할 권리를 자신에게 부여할 수 있는가?

감정에 북받칠 때 쉽고 간단하게 할 수 있는 방법에는 큰 목소리로 "그래! 안 돼! 내 등에서 떨어져 나가! 그래! 안 돼! 내 등에서 떨어져 나가!"라고 외치면서 몇 차례 바닥에서 콩콩콩 뜀뛰기를 하는 방법이 있다. 한번 시도해 보라. 빠르게 분노를 내보낼 때 기적처럼 효과를 나타낼 것이다.

1. 내가 항상 화를 냄으로써 얻게 되는 결과는 무엇인가?

....

....

....

....

....

....

....

....

....

....

....

2. 내가 화를 떨쳐내어 버리면 어떠한 일이 생기는가?

....

....

....

....

....

....

....

....

3. 나는 용서함으로써 마음의 자유를 얻을 의지를 갖추고 있는가?

....

....

....

....

....

....

....

마음 수련: 편지 쓰기

당신에게 여전히 분노를 유발하는 사람을 떠올려보라. 아마 오랜 세월 동안 쌓인 분노일 수 있다. 이 사람에게 편지를 써보라. 마음속의 모든 고충과 감정을 글로 적어 보라. 애써 참지 않는다. 진심으로 자신의 감정을 표현한다. 공간이 부족하면 별도의 종이에 이어 적는다.

....

....

....

....

....

....

....

....

....

....

....

....

....

....

....

....

....

....

....

....

....

....

....

....

....

편지 쓰기를 마치고 나서는 한번 읽어 본다. 그런 다음 반으로 접고, 겉에다 "나는 당신이 내게 애정을 보여주고 인정해주는 걸 바랄 뿐이야"라고 적는다. 그런 다음 편지를 불에 태워 없애 버린다.

미러 워크

위의 대상 외에 당신을 화나게 하는 다른 사람 혹은 같은 대상을 떠올려본다. 거울 앞에 앉는다. 옆에 눈물을 닦을 휴지를 반드시 마련하도록 한다. 거울에 비친 자신의 눈을 보고, 상대도 떠올린다. 그러고는 당신이 왜 이렇게 화가 났는지 이야기한다.

말을 다 하고 나서는 이렇게 마무리한다. "나는 당신이 내게 애정을 보여주고 인정해주는 걸 바랄 뿐이야." 우리는 모두 사랑과 인정을 바란다. 모든 이들에게서 바라는 바이기도 하고, 모든 이들이 우리에게서 바라는 바이기도 하다. 사랑과 인정은 인생에서 각 요소가 조화를 이루게 한다.

우리는 마음의 자유를 얻기 위해 우리를 속박해온 오랜 매듭을 풀어야 한다. 따라서 다시 한 번 거울을 보고는 "나는 화난 사람으로 살아야 하는 필요성을 날려 보내려고 한다!"라고 자신에게 확언한다. 이때 자신이 화를 흘려보내려고 하는지 과거를 붙잡고 있으려고 하는지 느껴보도록 한다.

6장 첫 페이지 도입부에 실린 생각에 관한 체크리스트를 다시 확인한 다음, 각 생각에 맞는 확언을 찾아보라. 차 안에서, 아침에 양치질하면서, 거울 앞에서, 혹은 부정적인 생각이 떠오를 때마다 해도 좋다.

··· 당신의 생각

⇨ **당신의 확언**

··· 나는 분노를 느끼는 게 두렵다.

⇨ 나는 나의 모든 감정을 인정한다. 내 분노를 인정하니 마음이 놓인다.

··· 나는 화를 내면 통제력을 잃게 된다.

⇨ 나는 적절한 장소와 방식으로 분노를 표출한다.

··· 내겐 화를 낼 권리가 없다.

⇨ 나의 모든 감정은 자연스럽고 타당한 것이다.

… 분노는 나쁜 것이다.

⇨ 분노는 정상적이고 자연스러운 감정 상태다.

… 누가 화를 낼 때 두려움에 떨게 된다.

⇨ 내가 내면 아이를 위로해주면 우리의 마음이 놓이게 된다.

… 화를 내면 분란이 초래된다.

⇨ 나는 나의 모든 감정에 대해 편안한 마음이 든다.

… 부모님은 내가 화를 표출하도록 내버려 두지 않을 것이다.

⇨ 나는 부모님의 한계를 뛰어넘는다.

… 내가 화를 내면 사랑을 받지 못할 것이다.

⇨ 내가 솔직해질수록, 나는 더 많은 사랑을 받게 된다.

… 나는 치솟는 화를 숨기고 살아야 한다.

⇨ 나는 적절한 방식으로 분노를 표출한다.

··· 화를 꾹꾹 누르면 가슴이 너무 답답하다.

⇨ 나는 분노를 포함한 나의 모든 감정에 대해 자유로운 마음 상태를 허락한다.

··· 나는 화를 제대로 낸 적이 없다.

⇨ 분노를 건강하게 표현하는 것은 나를 건강하게 만든다.

··· 내가 화를 내면 누군가에게 상처를 가하게 될 것이다.

⇨ 내가 감정을 표출할 때, 주변 사람들은 나에 대해 마음이 편안한 상태다.

"나는
내 감정을 인정하는 권한을
내게 부여한다."

삶을 이끄는 힘

◇◇◇◇◇◇◇◇◇◇◇◇◇◇◇◇◇◇◇◇

1. 우리의 경험에 대한 책임은 우리에게 있다.

2. 우리 마음속의 모든 생각이 우리의 미래를 만든다.

3. 사람들은 분노, 비판, 죄책감, 자기혐오의 소모적인 패턴에 갇혀 있다.

4. 현재 존재하는 것은 현상이 아닌 생각뿐이며, 생각은 바뀔 수 있다.

5. 과거를 내보내고 모든 이를 용서해야 한다.

6. 지금 '현재의 순간'에 자기 자신을 인정하고 수용하는 것이야말로 긍정적 변화로 가는 열쇠다.

7. 삶을 이끄는 힘은 항상 현재의 순간에 있다.

7장
비난과 판단
비난과 판단에 관한 체크리스트

☐ 도로에는 난폭 운전자가 왜 이리 많은가?

☐ 사람들은 너무나 멍청하다.

☐ 나는 재수 없는 인간이다.

☐ 내가 이렇게 뚱뚱하지만 않아도 그걸 하려고 할 것이다.

☐ 저 옷들은 내가 본 옷 중에서 가장 별로다.

☐ 저 사람들은 맡은 일을 결코 끝내지 못할 것이다.

☐ 나는 할 줄 아는 게 없는 얼간이다.

☐ 여기 사람들은 너무 지저분하고 게을러터졌다.

☐ 내가 무슨 생각을 하는지에 대해 아무도 물어보지 않는다.

☐ 저 여자가 운전하는 저 차는 거의 똥차 수준 아닌가?

☐ 그 사람이 소리 내서 웃을 때마다 치를 떨 정도로 싫다.

마음의 소리에 해당하는 문구가 있는가? 내면에서는 비꼴 명분과 대상을 찾고, 찾고, 또 찾는다. 삐딱한 시선으로 세상을 바라보지는 않는가? 자기 기준으로 모든 것을 판단하는가? 자기 합리화를 하진 않는가?

사람들 대부분은 자기만의 기준으로 판단하고 비난하는 습관을 오래 유지해 왔고, 습관은 쉽게 바뀌지 않는다. 어쩌면 가장 시급하게 성찰해야 할 가장 중요한 문제이기도 하다. 잘못된 방향으로 삶을 살아가면서도 그것을 타파할 계기를 찾지 못하면, 우린 결코 자신을 진정 사랑할 수 없을 것이다.

당신이 아주 어린 아기였을 때에는 삶에 대해 온전히 개방적이었을 것이다. 그리고 호기심이 가득한 눈으로 세상을 바라봤을 것이다. 무서운 대상이 있거나 누군가가 해를 가하지 않는 한, 삶을 그대로 온전히 받아들였을 것이다. 그러나 성장하면서 다른 사람들의 의견을 받아들이기도 하고 자신의 의견이 굳혀지기도 하면서 가치관이 형성되었을 것이다. 그러면서 비난을 가하는 여러 방법도 터득했을 것이다.

1. 가족들은 어떠한 방식으로 비난을 가했는가?

....

....

....

....

....

....

....

....

....

....

....

....

....

....

2. 어머니의 비난하는 태도에서 당신은 무엇을 배웠는가?

....

....

....

....

....

....

....

....

3. 어머니는 주로 어떠한 것들에 대해 비난했는가?

....

....

....

....

....

....

....

....

4. 어머니가 당신을 심하게 몰아세우기도 했는가?

....

....

....

....

....

....

....

....

5. 왜 그랬는가?

....

....

....

....

....

....

....

....

6. 아버지는 언제 비판적이었는가?

....

....

....

....

....

....

....

7. 아버지는 본인에게도 엄격한 기준을 적용해 자책하기도 했는가?

....

....

....

....

....

....

....

8. 아버지는 당신을 어떠한 기준으로 판단했는가?

....

....

....

....

....

....

....

....

9. 가족 간에 서로를 비난하는 패턴이 반복되었는가?

....

....

....

....

....

....

....

....

10. 어떠한 방식으로, 언제 가족들이 그렇게 서로를 비난했는가?

....

....

....

....

....

....

....

11. 당신이 최초로 크게 꾸지람을 들은 때가 언제였는가?

....

....

....

....

....

....

....

....

12. 가족들은 이웃에 대해서는 어떻게 판단했는가?

....

....

....

....

....

....

....

13. 학교에서 선생님들은 당신을 애정을 갖고 지도했는가? 아니면 항상 당신의 부족한 부분을 지적하기만 했는가? 선생님들은 주로 어떤 부분을 지적했는가?

....

....

....

....

....

....

....

14. 비난과 판단의 사고 패턴이 어떠한 계기로 당신에게 내재화되기 시작했는지 알 수 있겠는가? 어릴 적 가장 비판적인 사람이 누구였다고 생각하는가?

....

....

....

....

....

....

아마도 성장하고 변화하기 위해서는 자신에게 채찍질을 가해야 한다는 얘기를 들으며 자랐을 수도 있다. 그러나 나는 이러한 생각에 전혀 동의하지 않는다.

비난은 우리의 영혼을 쪼그라들게 한다고 생각한다. "나는 부족한 사람이야"라는 생각만 굳혀줄 뿐이다. 우리 안에 내재한 최고의 가치를 끄집어내는 데에는 백해무익하다.

마음 수련: '해야 한다'라는 말의 대체

내가 여러 차례 언급했지만, '해야 한다(should)'라는 표현은 우리가 사용하는 언어에서 가장 영혼을 갉아먹는 것 중 하나라고 생각한다. 이 말을 사용할 때마다, 실질적으로 우리는 '틀렸다'라는 전제를 염두에 둔다. 우리가 틀렸거나, 틀렸었거나, 앞으로 틀릴 것이라는 전제 말이다. 나는 영원히 우리의 마음속 낱말 사전에서 '해야 한다'라는 말을 영원히 삭제해서 '할 수 있다(could)'로 대체하길 바란다. '할 수 있다'라는 표현은 우리에게 선택권을 부여하면서 우리가 결코 틀릴 수 없다는 의미를 내포한다. 우리가 '해야 하는' 다섯 가지의 행동을 생각해 보라.

나는 다음을 해야 한다:

1.

2.

3.

4.

5.

'해야 한다'를 '할 수 있다'로 대체한다.

나는 다음을 할 수 있다:

1.

2.

3.

4.

5.

이제는 자신에게 '왜 내가 그렇게 안 했는지'를 물어보라. 애초에 전혀 하고 싶지 않았던 것을 수년 동안 자책하며 해 왔을 수도 있다. 아니면 그것을 하겠다는 생각 자체를 안 했는데 어쩌다 보니 억지로 해 왔을 수도 있다. 리스트에서 '해야 한다'를 지워 버릴 수 있는가?

마음 수련: 자책 리스트

스스로 자책하게 하는 다섯 가지의 것들에 대해 리스트를
작성해 보라.

1.

2.

3.

4.

5.

이제 이 목록을 검토하면서 각 항목에 대해 언제 자신
을 들들 볶으며 자책했는지, 그 시점을 '자책' 목록에 적
어 본다.

자책 목록의 항목을 보면, 같은 주제를 두고 자신을 얼
마나 오랫동안 나무랐는지 생각해 보면 놀라게 될 것이
다. 오랜 자책으로 어떠한 긍정적인 변화도 나타나지 않
았다고 생각하지 않는가? 그렇다. 자책을 비롯한 온갖 비
난은 전혀 도움이 안 된다. 기분만 나쁘게 할 뿐이다. 따라

서 비난의 싹을 자르겠다는 마음을 갖길 바란다.

아이가 성인으로 성장하기까지 사랑, 인정, 그리고 칭찬이 필요하다. 당신의 내면 아이도 여전히 사랑받고 인정받아야 한다. 내면 아이에게 이렇게 말해줄 수 있다. "나는 너를 사랑하고 네가 최선을 다하고 있다는 걸 알고 있어."

"넌 지금 그대로의 모습으로 완벽해."

"너는 매일 더 훌륭한 사람이 되어 가네."

"나는 너를 있는 그대로 인정해."

"이걸 할 수 있는 나은 방법을 찾을 수 있는지 생각해 보자."

"성장하고 변화하는 것은 즐거운 일이야. 우리 같이 할 수 있을 것 같아."

이와 같은 말은 아이들이 듣고 싶어 하는 말이다. 아이들의 기분을 좋게 하기 때문이다. 기분이 좋아지니 최선을 다할 것이다. 그들의 가치가 아름답게 펼쳐지게 된다.

당신의 내면 아이가 뭘 할 때마다 '틀렸다'라는 말을 밥 먹듯이 듣고 자랐다면, 새로운 긍정적인 말을 받아들이는 데 어느 정도 시간이 걸릴 수 있을 것이다. 마음에 비수를 꽂았던 온갖 비난의 화살을 뽑아 버리겠다고 확실히 마음 먹고, 하나하나 거두어 낸다면 기적을 일으킬 수 있을 것이다.

당신의 내면 아이에게 긍정적으로 한 달 정도 말해 보길 바란다. 위에서 언급한 확언의 리스트를 활용해도 좋다. 어느새 자신이 내면 아이에게 훈수를 두는 모습이 발견되면, 리스트를 꺼내서 2~3번 읽어도 좋다. 거울 앞에서 큰 소리를 내서 하면 보다 효과적이다.

마음 수련: 당신에게 짜증 유발자들은 누구인가?

누가 당신에게 '눈엣가시'인가? 다섯 명의 이름을 적고 어떠한 부분이 가장 짜증나는지 적어 본다.

예시:

조지. 이 친구는 초지일관 무표정으로 미소 짓는 일이 없다.

샐리. 이 친구의 메이크업 스타일은 도저히 봐줄 수가 없다.

1.

2.

3.

4.

5.

이제는 위에 적은 사람들에 대해 또 다른 리스트를 작성한다. 이번에는 각각의 사람에 대해 긍정적인 점, 그나마 칭찬할 점을 떠올린다. 애써 생각해 보면, 아주 사소한 점이라도 떠오를 수 있다.

1.

2.

3.

4.

5.

이제는 이 사람들을 떠올릴 때마다 그들의 장점 리스트에 적은 문장을 하나 생각한다. 그러고는 긍정적인 생각들로 마음을 가득 채운다. 또한 당신의 입에서 긍정적인 말만 나오도록 하는 습관을 길러라. 변화된 인생을 살고 싶으면 입단속부터 하라.

마음 수련: 당신의 말에 귀 기울이기

이 수련에는 녹음기가 필요하다. 1주일 정도 당신이 전화로 나누는 대화의 내용을 녹음한다. 녹음을 충분히 했다고 판단되면 자리를 잡고 앉아서 내용을 들어본다. 당신이 말하는 내용뿐 아니라 말하는 방식에도 귀 기울인다. 어떠한 생각을 하고 있는가? 무엇이나 누구에 대해 비난하는가? 아버지나 어머니 중에 누구와 비슷한 느낌으로 말하는가?

비난과 판단

항상 자신을 자책해야 한다는 강박을 버리면, 어느새 타인에 대한 비난도 줄어들고 있다는 것을 느낄 것이다.

자신을 있는 그대로 받아들이기로 한다면, 자연스럽게 타인도 있는 그대로의 모습으로 인정하게 된다. 그들의 작은 습관들이 점차 크게 성가시지 않게 된다. 당신이 원하는 방향으로 '그들을 변화시켜야 한다!'라는 생각도 흘려버리게 된다. 다른 사람에 관한 판단을 멈춘다면, 그들이 당신을 판단해야 하는 필요성도 점차 사라지게 된다. 이와 같은 확언을 매일 습관적으로 수련하도록 한다. 차 안에서, 거울 앞에서, 직장에서, 혹은 부정적인 생각이 떠오를 때면 언제나 확언을 되뇌도록 한다.

⋯ 당신의 생각

⇨ **당신의 확언**

⋯ 도로에는 난폭 운전자가 왜 이리 많은가?

⇨ **내 주변의 운전자들은 다들 훌륭하고 멋진 사람들이다.**

··· 사람들은 너무나 멍청하다.

⇨ 나를 포함하여 모든 사람은 최선의 노력을 기울이고 있다.

··· 나는 재수 없는 인간이다.

⇨ 나는 나 자신을 사랑하고 인정한다.

··· 내가 이렇게 뚱뚱하지만 않아도 그걸 할 엄두를 낼 것이다.

⇨ 나는 내 몸의 신비로운 작용에 감사함을 느낀다.

··· 저 옷들은 내가 본 옷 중에서 가장 구리다.

⇨ 저 옷들을 통해 나타나는 그들의 개성이 멋지다고 생각한다.

··· 저 사람들은 맡은 일을 결코 끝내지 못할 것이다.

⇨ 나는 다른 이들을 비난해야할 필요성을 떨쳐낸다.

··· 나는 할 줄 아는 게 없는 얼간이다.

⇨ 나는 매일 더 유능한 사람으로 변모한다.

··· 여기 사람들은 너무 지저분하고 게을러터졌다.

⇨ 나는 마음속으로 주변 공간을 정리한다. 내 주변인들
을 대할 때 내가 상상하는 깔끔한 상태를 떠올린다.

··· 내가 무슨 생각을 하는지에 대해 아무도 물어보지 않
는다.

⇨ 내가 가진 생각과 의견은 소중한 것이다.

··· 저 여자가 운전하는 저 차는 거의 똥차 수준 아닌가?

⇨ 나는 차량에 대한 그녀의 선택을 애정을 갖고 지지한다.

··· 그 사람이 소리 내서 웃을 때마다 치를 떨 정도로 싫다.

⇨ 나는 그 사람의 웃음소리를 들을 때마다 박장대소하
며 기뻐한다.

삶을 이끄는 힘

◇◇◇◇◇◇◇◇◇◇◇◇◇◇◇◇◇◇◇◇◇◇

1. 우리의 경험에 대한 책임은 우리에게 있다.

2. 우리 마음속의 모든 생각이 우리의 미래를 만든다.

3. 사람들은 분노, 비판, 죄책감, 자기혐오의 소모적인 패턴에 갇혀 있다.

4. 현재 존재하는 것은 현상이 아닌 생각뿐이며, 생각은 바뀔 수 있다.

5. 과거를 내보내고 모든 이를 용서해야 한다.

6. 지금 '현재의 순간'에 자기 자신을 인정하고 수용하는 것이야말로 긍정적 변화로 가는 열쇠다.

7. 삶을 이끄는 힘은 항상 현재의 순간에 있다.

8장
중독
"어떠한 사람, 장소, 사물에도
나를 휘어잡을 힘은 없다. 나는 자유롭다."

중독에 대한 체크리스트

☐ 나는 지금 기분을 '업'시키고 싶다.

☐ 스트레스를 줄이는 데 담배만 한 게 없다.

☐ 성관계를 많이 하면 확실히 현실을 잊게 된다.

☐ 먹는 걸 멈출 수가 없다.

☐ 술을 잘 마시면 내 인기도 올라간다.

☐ 나는 완벽주의자가 되길 원한다.

☐ 나는 도박에 깊이 빠져 있다.

☐ 나는 신경안정제가 필요하다.

☐ 나는 쇼핑을 멈출 수가 없다.

☐ 누군가와 관계를 맺으면 학대적인 관계를 피할 수가
   없다.

이 중에서 몇 가지가 당신의 이야기 같은가? 각 행동에
대해 하나씩 파헤쳐 보자.

중독성 행동은 "나는 부족한 인간이야"라는 하나의 표
현 수단이다. 이와 같은 행동에 갇히게 되면 우리 자신에
게서 도망치고 싶은 열망이 가득해진다. 내면의 감정을
돌볼 여유도 없다. 우리가 믿고 말하고 행동하는 것에 대
해 돌이켜 보는 것 자체가 너무나 괴롭다. 그래서 폭식, 음
주, 강박적인 성적 행위, 약 투여, 돈도 없으면서 돈을 물
쓰듯 쓰기, 연인관계를 가학적인 관계로 만들기 등을 통
해 현실을 잊으려고 애쓴다.

위에서 언급한 중독을 주로 다루는 AA(미국 익명 알코
올 중독 치유 프로그램)의 12단계 프로그램이 이용되고 있
고, 수천 명의 사람이 중독에서 벗어날 수 있었다. 단 이
장에서는 중독성 행동 치료 프로그램에서 소개하는 내용
을 반복하진 않을 것이다. 무엇보다도 내면에서 중독성
행동을 해야 한다는 필요성을 인정해야 한다. 그 필요성

을 떨쳐 버려야 행동도 바뀔 수 있기 때문이다.

자신을 사랑하고 인정하며, 삶이란 굴곡의 여정이라는 사실에 수긍하고, 스스로 내면의 힘이 있다는 것을 알도록 하는 것이 중독 치료의 핵심이다. 마음이 평온한 상태에서 안심이 드는 편안한 환경을 만들어주는 것이 중독성 행동 치료의 기본이다. 그 사실을 중독자들에게 인식시켜주는 것이다. 나를 찾아온 중독에 시달리는 내담자들의 경우, 대부분 스스로에 대해 강렬한 증오심을 안고 있었다. 자신을 용서하는 일이 그들에겐 너무나 힘든 숙제다. 그들은 매일 강박적으로 자신에게 채찍질을 가한다. 그 이유가 무엇일까? 그들이 어릴 때 귀가 닳도록 들은 비난과 잔소리 때문에 자신이 부족한 인간이라고 느꼈고, 그 생각에 변화가 없기 때문이다. 한심하고 못된 인간, 매를 맞고 벌을 서야 정신 차릴 인간이라는 생각이 평생을 따라다녔기 때문이다. 매우 어릴 적에 당한 신체적, 정서적, 성적 학대는 이러한 자기 증오심이 뿌리내리게 한다. 정직함, 용서, 자기애, 진실한 삶을 살려는 의지가 있다면 어릴 적 깊은 상처가 서서히 아물 수 있을 것이고, 중독으로 시달리는 사람이 중독성 행동에서 서서히 멀어지는

데 도움이 될 것이다. 나도 중독성의 위력이 얼마나 무시무시한지 알고 있다. 중독을 떨쳐내는 것에 대한 두려움, 정상적인 삶의 여정을 믿고 실천하는 것에 대한 두려움이 극심하기 때문이다. 사람들이나 상황이 우리를 '못 잡아먹어서 안달이 났다.' 라는 생각에 빠질 만큼 세상이 위험하다는 생각이 들면, 그 생각은 우리의 현실로 펼쳐질 것이다.

당신의 인생에 도움이 안 되거나 힘을 실어주지 못하는 생각이나 관념을 끊어 낼 의지가 있는가? 그러면, 이 성찰의 여정을 이어갈 마음의 준비가 된 것이다.

마음 수련: 중독을 끊어 내기

이제부터 지금, 이 순간 이곳에서 변화가 일어날 것이다. 심호흡을 몇 번 하고, 눈을 감으며, 당신이 중독된 사람, 장소, 사물을 떠올려 본다. 이 중독 현상이 왜 비정상적인 것 같은지 생각해 본다. 당신의 '내면에' 잘못된 부분을 고치기 위해 '외부에서' 해답을 찾으려고 하면서 그 대상을 부여잡고 있다. 삶을 이끄는 힘은 지금, 이 순간에 발현된다. 이에 당장 오늘부터 변화를 추구할 수 있다.

다시 한 번 중독을 붙잡으려는 욕구를 끊어 내려고 노력하며 이렇게 말한다.

"나는 내 인생에서 _____에 대한 필요성을 끊어 버리고 싶다. 나는 그것을 이제 나에게서 내보내며, 인생의 여정에서 내가 필요로 하는 다른 부분을 충족할 수 있다고 믿는다."

매일 명상이나 기도를 하면서 이 말을 아침마다 되뇌어 보라. 이미 중독에서 벗어날 수 있는 길을 향한 걸음을 내디딘 셈이다.

마음 수련:
아무에게도 말하지 않은 중독에 관하여

아무에게도 말하지 않고 본인만 알고 있는 중독 10가지
를 적어 본다. 폭식증을 앓고 있다면 아무도 모르게 쓰레
기통을 뒤진 적이 있을 수 있다. 알코올 중독이라면, 차에
술을 숨겨두고는 음주 운전을 한 적이 있을 수 있다. 병적
으로 도박에 빠져 있다면, 대출받으면서까지 도박을 이어
가면서 가족의 생계를 위험에 빠트린 적이 있을 수 있다.

1.

2.

3.

4.

5.

6.

7.

8.

9.

10.

　이제 어떤 기분이 드는가? 이 중에서 아무에게도 말하지 않은 '최악'의 비밀을 적은 문구를 보라. 그때 당시 당신이 어떠한 삶을 살고 있었는지 떠올린다. 그리고 그 당시의 나를 떠올리며, '사랑해준다.' 당시의 나에게 '지금의 내가 얼마나 당시의 나를 사랑하고 있는지 알려준다. 그리고 다 용서한다'고 말해 본다. 거울을 보고 이렇게 말한다. "나는 너를 용서하고, 있는 그대로의 너를 사랑해." 그리고 난 후 심호흡을 한다.

마음 수련: 가족에게 물어보기

잠시 유년 시절을 떠올리며 몇 가지 질문을 해본다.

1. 어머니가 항상 내게 하라고 한 것은…

....

....

....

....

....

2. 그런데 내가 어머니에게서 듣고 싶었던 말은…

....

....

....

....

....

3. 어머니가 정말로 알지 못했던 것은…

....

....

....

....

....

....

....

....

4. 아버지가 내게 하지 말라고 했던 것은…

....

....

....

....

....

....

....

....

5. 아버지가 알아주었으면 좋았을 것은…

....,....

....

....

....

....

....

....

....

6. 내가 아버지에게 말했으면 좋았을 것은…

....

....

....

....

....

....

....

**7. 어머니, 그때 그랬던 것에 대해 용서합니다. 그때 어머니
는 나에게 …**

....
....
....
....
....
....
....

**8. 아버지, 그때 그랬던 것에 대해 용서합니다. 그때 아버지
는 나에게 …**

....
....
....
....
....
....

9. 이제 부모님에게 본인에 대해 꼭 말해주고 싶은 이야기가 있다면 무엇인가? 아직도 마음속에서 풀지 못한 숙제로 남아 있는 부분은 어떤 것인가?

....

....

....

....

....

....

....

....

많은 이들이 내게 상담 받으러 와서는 과거에 일어난 어떠한 일 때문에 지금 즐거운 마음이 안 든다고 말한다. 과거를 붙잡고 있으면, 그 아픔이 우리에게 고스란히 남을 뿐이다. 현 순간에 집중해 살지 않겠다는 의미다. 과거는 이미 지난 일이기에 변할 수 없다. 우리가 새롭게 경험할 수 있는 것은 지금, 이 순간뿐이다.

마음 수련: 과거를 끊어 내기

이제 마음속의 과거를 정리하는 시간을 가져볼 것이다. 과거를 부여잡고 있는 정서적 애착을 끊어 낸다. 과거에 대한 기억은 그저 기억으로만 남아 있도록 하라.

당신이 열 살 때 입었던 옷이 기억난다면 여기에는 어떠한 정서적 애착도 작용하지 않는다. 그저 단순한 기억에 불과하다.

인생에서 괴로운 과거의 사건들도 마찬가지다. 우리가 마음속에서 내보낸다면, 지금, 이 순간에 충실하고 밝은 미래를 만드는 데에만 정신력을 쏟을 수 있도록 홀가분한 상태, 즉 자유를 얻는다.

1. 마음에서 끊어 버리고 싶은 모든 것들을 적어 본다.

2. 끊어 버리고 싶은 마음이 얼마나 간절한가? 당신의 반응을 느끼며 솔직하게 적어 본다.

....

....

....

....

....

....

3. 끊어 내기 위해 어떻게 해야 할 것 같은가? 그렇게 하고 싶은 마음이 어느 정도로 강한가?

....

....

....

....

....

....

마음 수련: 나를 인정해주기

자기혐오는 중독성 행동에서 공통되게 나타나는 주요증
상이다. 이에 대해 내가 개인적으로 가장 좋아하고 자주
활용하는 수련을 해볼 것이다. 지금껏 수천 명의 사람에게
실시했는데, 결과는 상상을 초월할 정도로 만족스러웠다.

다음 달 자신의 중독에 대해 어떻게 할 것인지에 관한
생각이 문득 떠오를 때마다, "나는 자신을 인정한다!"라고
반복해서 말한다.

하루에 3~4번 정도 말한다. 이 정도면 많이 하는 것도
아니다. 마음을 무겁게 하는 걱정거리에 대해 실제로 하
루에 여러 번 생각하지 않는가. "나 자신을 인정한다!"라
는 말은 생활 속 주문처럼 활용하라. 멈추지 않고 자신에
게 거듭 반복해서 하는 말이 되게 하라.

"나 자신을 인정한다!"라고 하는 말은 부정적인 모든 생
각을 수면 위로 끌어내게 한다. "가진 돈을 다 써버린 애
가 무슨 자신을 인정하고 있냐?" 혹은 "방금 너 케이크를
두 조각이나 먹었어." 혹은 "네까짓 것은 성공과는 거리가

한참 멀지"와 같은 부정적인 말풍선이 떠오를 때가 있을 것이다. 바로 '이때'가 마인드 컨트롤이 필요한 때이다. 부정적인 생각에는 전혀 무게를 두지 말라. 말풍선 안의 생각을 붙잡으며 흘려보내지 않으면 그 안에 갇히게 된다. 말풍선 속의 생각에 "등장해줘서 고맙지만, 너를 나에게서 떠나보낼게. 나는 나 자신을 있는 그대로 인정하거든!"이라고 말한다. 부정적이고 삐딱한 생각들은 받아들이지 않기로 하는 순간 전혀 힘을 쓸 수 없다.

8장 첫 페이지의 도입부에 나와 있는 체크리스트를 점검한 후, 각 항목의 생각에 대한 확언을 검토해 보라. 이러한 확언을 되뇌는 것이 일상의 루틴이 되게 하라. 직장에서, 차 안에서, 혹은 양치질하면서 확언을 말해 본다.

··· 당신의 생각

⇨ **당신의 확언**

··· 나는 지금 기분을 '업'하고 싶다.

⇨ 나는 지금 평온한 상태다.

··· 스트레스를 줄이는 데 담배만 한 게 없다.

⇨ 나는 쉽게 스트레스를 풀 줄 안다.

··· 성관계를 많이 하면 확실히 현실을 잊게 된다.

⇨ 나는 내 삶의 모든 부분을 주체적으로 관리하는 힘, 능력, 지식을 갖고 있다.

··· 먹는 걸 멈출 수가 없다.

⇨ 나를 에워싸면서 보호하고 영양분을 주는 것은 바로 사랑이다.

··· 술을 잘 마시면 내 인기도 올라간다.

⇨ 나는 사람들에게 인정받으며 깊이 사랑받고 있다.

··· 나는 완벽주의자가 되길 원한다.

⇨ 나는 변화를 기꺼이 받아들인다.

··· 나는 도박에 깊이 빠져 있다.

⇨ 나는 도박에서 얻는 지혜를 열린 마음으로 받아들인다.

··· 나는 신경안정제가 필요하다.

⇨ 나는 인생의 흐름 속에서 편안한 상태이고, 쉽고 편안
하게 내가 필요한 모든 것을 삶에서 얻을 수 있다.

··· 나는 쇼핑을 멈출 수가 없다.

⇨ 나는 나 자신과 인생에 대해 새로운 생각의 씨앗을 뿌
리고 싶다.

··· 누군가와 관계를 맺으면 학대적인 관계를 피할 수가
없다.

⇨ 내게는 강인한 힘과 능력이 있다. 나는 나의 모든 것을
사랑하고 소중히 여긴다.

"나는
변화할 수 있는 권한을
내게 부여한다."

삶을 이끄는 힘

◇◇◇◇◇◇◇◇◇◇◇◇◇◇◇◇◇◇◇◇◇

1. 우리의 경험에 대한 책임은 우리에게 있다.

2. 우리 마음속의 모든 생각이 우리의 미래를 만든다.

3. 사람들은 분노, 비판, 죄책감, 자기혐오의 소모적인 패턴에 갇혀 있다.

4. 현재 존재하는 것은 현상이 아닌 생각뿐이며, 생각은 바뀔 수 있다.

5. 과거를 내보내고 모든 이를 용서해야 한다.

6. 지금 '현재의 순간'에 자기 자신을 인정하고 수용하는 것이야말로 긍정적 변화로 가는 열쇠다.

7. 삶을 이끄는 힘은 항상 현재의 순간에 있다.

9장
용서
"나는 용서 받았고 자유롭다."

용서에 관한 체크리스트

☐ 나는 나의 원수인 그들을 절대로 용서하지 않을 것이다.

☐ 그들의 만행은 용서할 수 없는 것이었다.

☐ 그들은 내 삶을 무참히 짓밟았다.

☐ 그들의 만행은 의도적이었다.

☐ 당시 너무나 어린 내가 그들에게 받은 상처는 말로 표현할 수도 없다.

☐ 사과는 그쪽에서 먼저 해야 한다.

☐ 내가 품는 극도의 분노는 내게 안식과도 같다.

☐ 용서는 마음이 약한 사람이나 하는 거다.

□ 나는 옳고 그들은 틀렸다.

□ 이 모든 게 부모 탓이다.

□ 내가 굳이 누구를 용서할 필요는 없다.

이 중에서 몇 가지가 당신의 이야기 같은가? 용서는 대부분의 사람이 버거워하는 영역이다.

우리는 모두 용서라는 숙제를 완수해야 한다. 자신을 사랑하는 데 어려움이 있는 사람은 이 영역에서 벗어날 수 없다. 용서는 자신을 사랑하도록 마음의 문을 열어준다.

수년 동안 풀지 못한 앙금을 안고 사는 사람들이 많다. 상대방이 자신에게 했던 만행을 생각하면 분개할 수밖에 없다고 생각한다. 이 사람들은 '독선적인 분개의 감옥'에 갇혀 있다고 말한다. 그런데 감옥살이의 명분이 합당할 수는 있지만, 그 안에서는 결코 행복을 찾을 수 없다.

이 말을 듣고는 "그 인간들이 나한테 어떻게 했는지 알지도 못하잖아요. 절대 용서할 수 없어요!"라고 말할 것이다. 그런데 용서를 안 하겠다는 결심은 스스로에게는 가혹한 일이다. 매일 사약을 한 숟갈씩 삼키는 듯, 쓰디쓴 고통을 동반한다. 우리가 과거에 얽매여 있으면 건강하고 자유로운 삶을 살 수가 없다. 그 사건은 이미 지난 일이다. 그리고 분명 그들은 당신에게 그렇게 하면 안 되는 것이었다. 그런데 그때 그 일은 과거가 되었다. 물론 원수를 용서하면 마치 원수의 그러한 행동을 용납하는 것 같은 생각이 들 것이다.

우리가 가장 중시하는 영적 성찰 가운데 '모든 이'는 그들에게 주어진 모든 순간에 그들이 할 수 있는 최선을 다한다는 사실을 받아들이는 것이 있다. 사람들은 그 순간에 스스로 가진 이해력, 지식, 인식을 활용해 최선을 다해 살아 나가고 있다. 타인을 학대하는 사람들 대부분은 어릴 적에 학대당한 경험이 있다. 특히 폭력의 수위가 클수록 심적 고통의 강도도 크다. 그렇다고 만행을 눈감아줘야 한다는 것은 아니다. 그러나 우리의 내적 영혼의 성장을 위해 원수가 겪고 있는 고통도 한 번쯤 생각해 볼 필요가 있다.

그때 그 일은 이미 지나갔다. 아마 아주 긴 시간이 지났을 수도 있다. 이젠 기억 속에서 떨쳐 버리자. 스스로 그 앙금에서 벗어날 수 있게 해보라. 음지의 감옥에서 나와 따뜻한 양지의 삶으로 발을 내디뎌 보라. 혹시라도 만행이 현재 진행 중이라면, 왜 그러한 만행을 참고 견딜 정도로 자신을 하찮게 여기는지 오히려 자신에게 질문을 던져 보라. 왜 그러한 상황 속에 머물러 있는가? 이 책의 목적은 당신의 자존감을 최대한 끌어 올려 삶에서 사랑이 충만한 경험만 하도록 길라잡이가 되는 것이다. '복수'의 칼날을 가는 데 시간을 낭비하지 말라. 소용이 없다. 악행을 악행으로 갚으면, 또다시 악행은 우리에게 돌아온다. 그러니 과거를 내려놓고, 현재의 순간에 자신을 사랑하는 데 집중하자. 환한 미래가 당신을 기다리고 있을 것이다.

세상에서 가장 용서하기 힘든 사람이 있다면, 바로 그 사람이 당신에게 인생의 가장 위대한 교훈을 줄 수 있는 사람일 것이다. 오랜 앙금마저 딛고 올라설 만큼 자신을 사랑한다면, 상대를 이해하고 용서하는 일도 쉬워질 것이다. 그리고 당신은 자유로워질 것이다. 자유가 두려운가? 오랜 분개와 쓰디쓴 아픔에 갇혀 있는 게 더 편안하고 안심이 되는가?

이제 우리의 친구인 거울에 다가갈 시간이다. 당신의 눈을 바라보고 마음을 담아 "나는 용서하고 싶어"라고 말한다. 이 말을 몇 번 반복한다.

기분이 어떠한가? 여전히 아집과 답답함이 느껴지는가? 아니면 마음이 열리면서 의지가 생기는가?

섬세한 감정의 변화를 관찰한다. 단 판단하려 하지 않는다. 몇 차례 심호흡을 한 후, 이 수련을 반복한다. 이제 마음이 조금이라도 달라졌는가?

마음 수련: 가족의 태도

1. 어머니는 너그러운 사람이었는가?

....

....

....

....

....

....

2. 아버지는 너그러운 사람이었는가?

....

....

....

....

....

....

3. 가족은 상처받는 사건에 처했을 때 신랄하게 상대를 비방하며 원한을 품는 식으로 대처했는가?

....

....

....

....

....

....

....

4. 어머니는 어떠한 식으로 억울함을 해소했는가?

....

....

....

....

....

....

....

5. 아버지는 어떠한 식으로 억울함을 해소했는가?

....

....

....

....

....

....

....

....

6. 당신은 어떠한 식으로 억울함을 해소하는가?

....

....

....

....

....

....

....

....

7. 당신은 보복하면 기분이 나아지는 편인가?

....

....

....

....

....

....

....

8. 그 이유는 무엇인가?

....

....

....

....

....

....

....

....

그런데 흥미롭게도 누군가를 용서하기 위해 노력하면, 상대방에게서 반응이 오는 경우가 많다. 굳이 상대에게 가서 용서하겠노라고 말하지 않아도 된다. 직접 가서 용서한다는 사실을 알려주고 싶을 때도 있겠지만, 그렇게 하지 않아도 된다. 용서의 큰 부분은 이미 당신의 마음속에서 진행되는 것이다. 용서는 '그들'을 위해 하는 것이 아니다. 우리 자신을 위한 것이다. 당신이 용서해야 하는 그 사람은 이미 고인이 되었을 수도 있다.

미러 워크

미러 워크를 하는 게 불편할 때도 있고, 회피하고 싶을 때도 있을 것이다. 세면대 거울 앞에 서 있을 때면 화장실 문밖으로 나오고 싶은 마음이 커질 수 있다. 따라서 미러 워크의 장점을 최대한 누리려면 거울 앞에 앉아서 하는 것을 권하고 싶다. 나는 침실 문의 뒷면에 큰 전신 거울을 활용하는 편이다. 갑 티슈 하나를 들고 거울 앞에 자리를 잡는다. 내가 미러 워크를 할 때면, 내가 키우는 강아지가 내 옆에 앉아서 나를 위로해준다.

시간을 내어 이 수련을 해보라. 가능하면 반복해서 하면 좋다. 우리에겐 여전히 용서해야 할 사람이 너무나도 많지 않은가. 거울 앞에 앉아 눈을 감고 몇 번에 걸쳐 심호흡한다. 당신의 인생에서 상처를 준 많은 사람을 떠올린다. 그들이 당신의 마음을 스쳐 지나가게 한다. 이제는 눈을 뜨고 그들 중 한 명에게 대화를 시작한다.

"넌 내게 깊은 상처를 남겼어. 그런데 나는 이제는 과거에 머물지 않을 거야. 나는 너를 용서하려고 해"라고 대화를 시작한다. 심호흡을 한 번 한 후, "이제는 너도 자유고,

나도 자유야"라고 말한다.

당신의 마음속에서 어떠한 느낌이 드는지 관찰한다. 저항심이 드는 사람도 있겠고, 상쾌함이 느껴지는 사람도 있을 것이다. 저항심이 든다면, 심호흡한 후, "나는 마음속의 모든 저항을 내버리려고 한다!"라고 말한다.

서너 명을 용서하는 데도 꼬박 하루가 걸릴 수 있다. 아니면 하루에 한 명만 용서할 수도 있을 것이다. 아무래도 상관없다. 자신이 원하는 방식으로 하는 것이 최상의 방식이다. 용서는 양파 껍질을 하나씩 벗겨 내는 것에 비유할 수 있다. 용서의 수련을 시작하려고 결심한 것 자체가 기특한 것이라고 자신을 칭찬해 주라.

오늘 혹은 하루 날을 잡아 이 수련을 이어갈 때, 용서하고 싶은 사람들의 리스트를 확장해 나가도 좋다. 떠올릴 대상의 예시는 다음과 같다.

가족, 선생님들, 학창 시절의 아이들, 연인들, 친구들, 근무 환경, 정부 기관이나 공무원들, 교회 관계자, 병원 직원, 기타 공인, 창조주, 나 자신 등등….

무엇보다도 자신을 용서하라. 자신에게 가하는 채찍질은 그만하라. 자신을 벌하고 비난할 필요는 없다. 당신이 처한 상황에서 최선을 다하고 있었다.

다시 한 번 리스트를 갖고 거울 앞에 앉는다. 리스트에 있는 각자의 사람에게 말한다. "나는 당신이 내게 했던 _____의 만행에 대해 용서합니다." 심호흡한다. "나는 당신을 용서하고, 내 마음에서 해방합니다."

이 수련을 이어가다 보면, 오랫동안 어깨를 짓누르던 짐들이 녹아내리는 경험을 하게 될 것이다. 당신이 얼마나 많은 짐을 짊어지고 살아왔는지 새삼 놀라게 될 것이다. 이 정화의 과정을 거치는 동안 자신을 온화하게 대하라.

리스트 만들기

마음을 편안하고 평화롭게 할 만한 잔잔한 음악을 틀어 놓는다. 공책과 펜을 가져와서 의식의 흐름에 집중한다. 과거를 떠올린 후, 화를 불러오는 모든 사건과 사고를 적어 본다. 가능하면 최대한 다 적는다. 하나도 빠짐없이 다 적는다. 초등학교 1학년 때 의지와 상관없이 바지에 오줌을 싸서 망신당한 사건에 대해 자신을 용서하지 못한 사실마저 떠오를 수 있다. 이 짐을 대체 얼마나 오랫동안 짊어지고 온 것인가.

가끔은 나 자신보다 남을 용서하는 게 더 쉽다. 자신에게 엄격하고 완벽주의를 바라는 경우가 많기 때문이다. 어떠한 실수를 하건 심한 자책 대상이다. 그러나 이제는 그런 오랜 습관이나 태도를 딛고 넘어설 때이다.

우리는 실수를 통해 학습한다. 애초에 완벽하다면 세상을 살면서 배울 것도 없지 않겠는가. 이 땅에 태어나 살아갈 필요조차 없을 것이다. '완벽함'을 갖추는 것이 부모의 사랑과 인정을 받는 지름길이 아니다. 완벽함을 추구하면서 자신이 '틀렸다'라는 느낌, '충분하지 않다'라는 느낌만

깊어진다. 완벽함의 족쇄를 털어내고 가벼워지자. 이제는 자신을 완벽함의 잣대로 대하지 말라.

자신을 용서하라. 그냥 있는 그대로의 자신을 바라봐주라. 스스로 즉흥적이고 자유로울 수 있는 여유를 할애하라. 비난과 죄책감을 가질 필요가 없다.

어릴 적 자유롭게 신나서 질주하던 때를 기억하는가?

그때를 떠올리며 밖으로 나간다. 해변, 공원, 혹은 공터를 찾아 아이처럼 달려본다. 조깅 말고 달리기다. 누구한테도 신경 쓰지 말고 몸이 가는 대로 자유롭게 달린다. 공중제비나 줄넘기를 해도 좋다. 이렇게 하면서 깔깔대고 웃어본다. 당신의 내면 아이를 데려가서 같이 즐겁게 논다. 누가 보든 말든 무슨 상관인가. 이 모든 게 당신의 자유를 위한 것인데 말이다!

9장 첫 페이지 도입부에 실린 하단의 체크리스트를 검토한다. 각 항목의 생각에 대한 확언을 검토해 보라.

⋯ 당신의 생각

⇨ **당신의 확언**

··· 나는 나의 원수인 그들을 절대로 용서하지 않을 것이다.

⇨ 나는 지금 새로운 순간을 살고 있다. 나는 마음에서 원수를 내보낼 수 있을 만큼 자유롭다.

··· 그들의 만행은 용서할 수 없는 것이었다.

⇨ 용서받을 자격이 되건 안 되건, 그들을 용서한다.

··· 그들은 내 삶을 무참히 짓밟았다.

⇨ 나는 내가 지닌 한계를 딛고 넘어서려고 한다. 나는 자유롭다.

··· 그들의 만행은 의도적이었다.

⇨ 그 순간에 스스로 가진 이해력, 지식, 인식을 활용한 그들의 최선책이었다.

··· 당시 너무나 어린 내가 그들에게 받은 상처는 말로 표현할 수도 없다.

⇨ 이제 나는 성인이고, 내 안의 내면 아이를 사랑으로 보살핀다.

··· 사과는 그쪽에서 먼저 해야 한다.

⇨ 내 영적 성장은 그들에 좌우되지 않는다.

··· 내가 품는 극도의 분노는 내게 안식과도 같다.

⇨ 나는 감옥에서 나를 내보낸다. 나는 안정적이며 자유
  롭다.

··· 용서는 마음이 약한 사람이나 하는 거다.

⇨ 원수를 용서하고 마음에서 내보내는 것은 강인함에서
  비롯된다.

··· 나는 옳고 그들은 틀렸다.

⇨ 옳고 그름의 기준은 없다. 나는 나만의 판단을 초월하
  여 생각하고 행동한다.

··· 이 모든 게 부모 탓이다.

⇨ 부모님은 자신이 대우받은 방식대로 나를 대우했다.
  나는 부모님을 용서하고, 그들의 부모님도 용서한다.

··· 내가 굳이 누구를 용서할 필요는 없다.

⇨ 나는 자신에게 한계를 정하지 않는다. 나는 언제든지
다음 발을 내디디려고 한다.

"나는
마음속에서 원수를 내보낼 권한을
내게 부여한다."

삶을 이끄는 힘

◇◇◇◇◇◇◇◇◇◇◇◇◇◇◇◇◇◇◇◇

1. 우리의 경험에 대한 책임은 우리에게 있다.

2. 우리 마음속의 모든 생각이 우리의 미래를 만든다.

3. 사람들은 분노, 비판, 죄책감, 자기혐오의 소모적인 패턴에 갇혀 있다.

4. 현재 존재하는 것은 현상이 아닌 생각뿐이며, 생각은 바뀔 수 있다.

5. 과거를 내보내고 모든 이를 용서해야 한다.

6. 지금 '현재의 순간'에 자기 자신을 인정하고 수용하는 것이야말로 긍정적 변화로 가는 열쇠다.

7. 삶을 이끄는 힘은 항상 현재의 순간에 있다.

10장
일
"나의 창의력을 표현하고 인정받는 것은
내게 기쁨을 준다."

일에 관한 체크리스트

☐ 나는 내가 하는 일이 정말로 싫다.

☐ 일에서 받는 스트레스가 너무 크다.

☐ 나는 직장에서 인정받지 못하고 있다.

☐ 나는 항상 처우가 최악이거나 발전이 없는 '막다른 일
자리'를 얻는다.

☐ 내 상사는 갑질이 심하다.

☐ 나에 대한 사람들의 기대치가 너무 높다.

☐ 직장 동료들 때문에 미쳐버릴 것 같다.

☐ 내가 하는 일에는 창의력이 개입할 여지가 없다.

☐ 성공한다는 건 평생 나와 상관없는 일이 될 것이다.

☐ 자기 발전할 기회가 전혀 없다.

☐ 회사 월급은 짜도 너무 짜다.

이 중에서 몇 가지가 당신에게 해당한다고 생각하는가? 일에 관해 당신이 어떠한 마음가짐을 가졌는지 깊이 파악해 보자.

우리의 직업과 업무는 자신의 가치와 세상에 이바지하는 정도를 반영하는 척도다. 어떤 면에서 일이란 우리의 시간과 용역을 돈과 맞바꾸는 것이다. 우리가 별문제 없이 주어진 일과를 마치면, 자존감이 상처 입을 일은 없다.

그러나 우리가 어떤 종류의 일을 하는지도 중요하다. 각자의 성향, 재질, 능력치가 달라서 직업의 세계도 다채롭다. 그런데 누구나 자기가 하는 일이 세상에 자그맣게나마 이바지하기를 바란다. 일을 통해 뿌듯함을 만끽하고 싶은 욕구는 보편적이다. 이때 우리가 가진 재능, 지능, 창의력을 최대한 활용해야 할 것이다.

그런데 일터에서는 각종 문제가 난무할 수 있다. 직장 상사나 동료들과 잘 어울리지 못할 수도 있고, 직장에서 자신이 하는 일의 가치 혹은 회사에 대한 기여도를 인정받지 못한다고 느낄 수도 있다. 매번 승진에서 미끄러지기도 하고, 자신이 하고 싶은 일을 할 기회가 도통 생기지 않을 수도 있다.

그러나 직업 전선에서 어떠한 위치나 직위에 있건, 당신을 그 자리에 있게 한 것은 바로 당신의 생각이다. '내 주제에 이 정도의 일을 하는 게 맞지'라는 당신의 생각이 당신의 주변 사람들을 통해 투영될 뿐이다.

생각은 언제든 바뀔 수 있다. 상황도 마찬가지로 바뀔 수 있다. 도저히 받아들이기 힘든 지긋지긋한 상사가 당신의 생각을 대변하고 옹호해줄 수도 있다. 처우가 최악이거나 발전이 없어 보이는 '막다른 일자리'가 희망이 가득한 새로운 일자리로 가는 디딤돌일 수 있다. 성가시고 짜증나는 직장 동료가 친구까진 아니겠지만 알고 보면 생각보다 어울리기 쉬운 사람일 수도 있다. 쥐꼬리만큼 작다고 여기던 월급도 어느새 생각지도 못한 시점에 오를 수도 있는 일이다. 또 멋진 새로운 일자리가 생길 수도 있을 것이다.

이처럼 우리의 생각만 바꾸면 변화의 물꼬를 틔울 수

있는 길이 무궁무진하다. 열린 마음으로 기회를 맞이하기만 하면 되는 것이다. 우선 좋은 기회나 상황의 해결 기회가 어디에서건 나올 수 있다는 사실을 우리의 의식에서 받아들여야 한다. 그 변화가 처음에는 사소한 것일 수 있다. 예를 들어 직장에서 상사에게 당신의 능력과 창의력을 발휘할 수 있는 업무를 받는 전환점이 될 수도 있다. 직장에서 평소와 달리 적대감을 버리고 따뜻한 태도로 평소에 싫어하던 동료를 대하면서, 그 동료의 행동에서 눈에 띄는 변화가 느껴질 수도 있다. 어떠한 변화가 당신에게 다가오건 간에, 열린 마음으로 받아들이고 기쁨을 누린다. 이 험난한 변화의 여정에서 당신은 혼자가 아니다. 당신이 변화의 주체가 될 수 있다. 당신을 창조한 전능한 힘은 당신의 경험을 직접 만들어가는 힘을 당신에게 부여했다는 사실을 기억하라.

마음 수련: 자신에 집중하기

자, 이제 잠시 시간을 내어 우리 자신에 집중해보자. 오른손을 들어 아랫배 단전에 둔다. 단전은 몸의 중심이다. 심호흡한 후, 다시 거울을 보고 "나는 직장에서 불행해야 하는 필요성을 내보내고 싶다"라고 말한다. 이 말을 두 번 더 한다. 매번 말할 때마다 다른 방식으로 말한다. 당신은 변화에 대한 강렬한 열망과 의지를 키우고 싶어 한다.

마음 수련: 직장에서 만나는 사람들 묘사하기

다음의 사람에 대해 형용사 10개를 떠올려본다.

	상사	동료직원	당신의 직책
1.			
2.			
3.			
4.			
5.			
6.			
7.			
8.			
9.			
10.			

마음 수련: 직장 상황을 생각해 보기

1. 직장에서 어떠한 직책이라도 선택할 수 있다면, 무엇을 선택하겠는가?

....

....

....

....

....

2. 하고 싶은 일은 뭐든 할 수 있다면, 무엇을 선택하겠는가?

....

....

....

....

....

....

....

3. 현재 하는 일에서 어떠한 부분이 바뀌면 좋겠는가?

....

....

....

....

....

....

4. 당신의 고용주, 즉 회사의 대표에 대해 변화를 가할 수 있다면 어떠한 부분을 바꾸겠는가?

....

....

....

....

....

....

5. 당신은 현재 쾌적한 업무 환경에서 일하고 있는가?

....

....

....

....

....

....

....

6. 직장에서 가장 용서하기 힘들지만, 그래도 용서해야 할 사람은 누구인가?

....

....

....

....

....

....

....

....

거울 앞에 앉는다. 깊게 심호흡한다. 자신에게 집중한다. 직장에서 당신을 가장 화나게 하는 그 사람을 떠올리며 그 사람에게 하고 싶은 말을 한다. 왜 화가 났는지 설명한다. 얼마나 큰 상처를 주고 협박했는지, 혹은 얼마나 당신의 공간과 경계를 아무렇지도 않게 침범했는지 말한다. 모든 걸 말한다. 하나도 망설이지 않고 말한다. 앞으로 그사람의 행동에서 변했으면 하는 부분을 말한다. 지금의 모습이 아닌, 앞으로 바뀔 그 모습을 생각하며 용서해주겠다고 말한다.

다시 한 번 심호흡한다. 당신을 존중해달라고 말하며, 당신도 그렇게 하겠다고 말한다. 두 사람의 관계가 직장에서 원만하게 회복할 것이라는 점을 확언한다.

애정을 담아 축복하기

어떠한 직장 환경에서도 애정을 담아 상대를 축복하는 것은 큰 힘을 발휘한다. 출근 전부터 애정을 담아 회사와 회사 직원들을 축복할 수 있다. 그곳의 모든 사람, 장소, 사물에 대해 애정을 실어 축복한다. 당신을 힘들게 하는 동료, 사장, 거래처, 혹은 직장에서 너무 덥거나 낮은 온도에 대해서도 애정을 담아 축복한다. 당신, 상대방, 혹은 상황이 같은 마음이고 완벽한 조화를 이루고 있다고 확언하라.

"나는 직장에서 완벽한 조화를 이루며 일하고 있고, 동료들과의 관계도 완벽하게 조화롭다."

"나는 항상 조화로운 환경에서 일한다."

"나는 직장에서 만나는 모든 사람을 존경하고 존중한다. 그들도 나를 존경하고 존중한다."

"나는 지금의 상황을 애정 담아 축복하고, 관련된 모든 이에게 최상의 상황이라는 것을 안다."

"나는 당신을 애정 담아 축복하고, 당신에 대한 앙금을 내버리어 좋은 일만 가득하길 바란다."

"나는 이 일을 축복하지만, 이 일을 맡게 될 누군가를 위해 이 일을 내어 준다. 나는 이제 자유의 몸으로 좋은 일자리를 맞이하려 한다."

위의 확언 중에서 당신의 직장 생활에 맞는 글귀를 하나 고르거나 상황에 맞게 변형하여 확언의 문구를 만든다. 그리고 그 확언을 여러 차례 반복해 확언한다. 마음속에 떠오르는 사람이나 상황이 있을 때마다, 확언을 반복한다. 이 상황에 관해 마음속의 부정적인 기운을 없애 버린다. 생각만으로도 당신은 직장에서의 경험을 바꿀 수 있다.

마음 수련: 일에서의 자기 가치

일에 관해 생각할 때 자신의 가치에 대해 어떠한 감정을 품는지 성찰해 보자. 다음의 질문에 답을 한 후에 (현재 시제로) 확언을 하나 적어 본다.

1. 나는 좋은 직장을 얻을 자격이 되는 사람이라고 생각하는가?

예시: 가끔 나는 그럴 자격이 있다고 느낀다. 그런 생각이 안 들 때가 있는데, 그럴 때면 쥐구멍에 숨고 싶은 마음이다.

당신의 예시:

....

....

확언의 예시: 나는 모든 상황에서 맡은 바 임무를 완수할 능력이 충분하다.

당신의 확언:

....

....

2. 이 부분에서 나는 무엇을 가장 두려워하는가?

예시: 우리 사장이 내가 일머리가 없다고 판단해서 나를 해고할 것 같고, 나는 새 직장을 구하지 못할 것 같다.

당신의 예시:

....

....

....

....

....

확언의 예시: 심신의 안정이 보장되는 환경의 중심에 나 자신이 있도록 한다. 이렇게 함으로써 내 삶이 완전해짐을 받아들인다. 나의 세상에서는 만사가 순조롭다.

당신의 확언:

....

....

....

....

....

....

3. 이러한 생각에서 내가 얻는 '결과'는 무엇인가?

예시: 회사에서 나는 사람들의 비위를 맞추는 데 애쓴다. 회사

대표님이 내 부모라고 생각한다.

당신의 예시:

....

....

....

....

....

확언의 예시: 내 마음 상태가 내 경험을 만들어간다. 나는 내

삶에 좋은 것들을 만들 수 있는 무한한 능력을 갖추고 있다.

당신의 확언:

....

....

....

....

....

....

....

4. 해고에 대한 불안을 떨치고 나면, 그다음엔 어떤 게 두려워질까?

예시: 내가 일에서 더 노련해져야 한다.

내가 일에 대해 더 책임감을 느껴야 한다.

당신의 예시:

....

....

....

....

확언의 예시: 나는 내가 충분히 능력이 되고 가치를 드러낼 수 있다고 생각한다. 내가 성공한다고 해서 문제가 될 것이 없다. 인생은 내 편이다.

당신의 확언:

....

....

....

....

....

....

심상화

당신이 생각하는 완벽한 일이란 무엇일까? 완벽한 일을 하는 자신을 잠시 상상해 본다. 그 일을 하는 환경, 직장 동료를 상상해 본다. 넉넉한 월급을 받으며 성취감과 보람을 완전히 느낄 때를 상상해 본다. 그 모습을 그대로 마음 깊이 새긴다. 의식 속에서 그 모습이 완성되었다는 사실을 인지하라.

10장 첫 페이지 도입부에 나와 있는 체크리스트를 점검한 후, 각 항목의 생각에 대한 확언을 검토해 보라. 이 확언들이 당신 일상의 루틴이 되게 하라. 직장에서, 차 안에서, 아침에 양치질하면서 확언을 되뇌라.

··· 당신의 생각

⇨ 당신의 확언

··· 나는 내가 하는 일이 정말로 싫다.

⇨ 나는 항상 직장에서 마음이 편안한 상태다.

··· 나는 직장에서 인정받지 못하고 있다.

⇨ 모두 내 업무를 인정해준다.

··· 나는 항상 처우가 최악이거나 발전이 없는 '막다른 일
  자리'를 얻는다.

⇨ 나는 모든 경험을 또 한 번의 기회로 만든다.

··· 내 상사는 갑질이 심하다.

⇨ 나는 나 자신을 존중하고, 다른 사람들도 내 삶을 존
  중한다.

··· 나에 대한 사람들의 기대치가 너무 높다.

⇨ 나는 완벽한 환경에 놓여 있고, 항상 심신의 안정을
  느낀다.

··· 직장 동료들 때문에 미쳐버릴 것 같다.

⇨ 나는 사람을 대할 때, 그들의 가장 좋은 점을 보고, 그
  들이 가장 잘할 수 있는 부분의 잠재력을 끌어내도록
  도움을 준다.

··· 내가 하는 일에는 창의력이 개입할 여지가 없다.

⇨ 내가 하는 생각들은 창의적이다.

··· 성공한다는 건 평생 나와 상관없는 일이 될 것이다.

⇨ 내가 손대는 모든 것이 그 자체로 성공이다.

··· 자기 발전할 기회가 전혀 없다.

⇨ 새로운 세상을 향한 문은 항상 내게 열려있다.

··· 회사 월급은 짜도 너무 짜다.

⇨ 나는 돈을 벌 새로운 기회를 열린 마음으로 받아들인다.

"나는
내 능력과 자질이
창의적으로 발휘되는 권리를
허용한다."

삶을 이끄는 힘

◇◇◇◇◇◇◇◇◇◇◇◇◇◇◇◇◇◇◇

1. 우리의 경험에 대한 책임은 우리에게 있다.

2. 우리 마음속의 모든 생각이 우리의 미래를 만든다.

3. 사람들은 분노, 비판, 죄책감, 자기혐오의 소모적인 패턴에 갇혀 있다.

4. 현재 존재하는 것은 현상이 아닌 생각뿐이며, 생각은 바뀔 수 있다.

5. 과거를 내보내고 모든 이를 용서해야 한다.

6. 지금 '현재의 순간'에 자기 자신을 인정하고 수용하는 것이야말로 긍정적 변화로 가는 열쇠다.

7. 삶을 이끄는 힘은 항상 현재의 순간에 있다.

11장
돈과 풍족함
"나의 풍족함은 남들과 나눌 정도로 무한하다.
나는 축복받은 사람이다."

돈과 풍족함에 관한 체크리스트

☐ 도저히 돈을 저축할 수가 없다.

☐ 내가 버는 돈이 매우 부족하다.

☐ 내 은행 신용도는 바닥이다.

☐ 밑 빠진 독에 물 붓기처럼 통장 잔액이 늘 비어 있다.

☐ 모든 게 너무 비싸다.

☐ 왜 나만 빼고 다 돈이 있는 거지?

☐ 나는 공과금을 낼 형편도 안 된다.

☐ 얼마 후 빈털터리가 될 것 같다.

☐ 노년 자금을 모을 수가 없다.

☐ 돈에 대한 집착을 내려놓을 수가 없다.

이 중에서 몇 가지가 당신에게 해당하는가? 3~4개 이상 표시했다면, 돈 문제에 대한 조치가 필요하다.

돈에 대해 어떻게 생각하고 있는가? 돈이 충분하다고 생각하는가? 자신의 가치가 돈과 직결된다고 생각하는가? 당신의 마음이 간절히 바라는 바를 돈이 해결해준다고 생각하는가? 당신에게 돈은 아군인가, 적군인가? 지금보다 돈을 더 버는 게 해답이 아니다. 우리는 가진 돈에 대해 생각할 때, 자신이 그 돈을 가질 자격이 있다는 것과 충분히 누리는 방법을 배워야 한다.

거금을 보유한다고 풍족함이 보장되는 건 아니다. 돈이 많은 사람들도 언제라도 돈을 날릴 수 있다는 '가난한 자의 의식'에 빠질 수 있다. 오히려 이들은 노숙자들보다 돈이 없어질지도 모른다는 두려움에 짓눌린다. 그들은 돈을 마음껏 쓸 수 있는 능력과 풍족한 삶을 살 수 있는 능력이 하루아침에 사라질 수 있다는 생각에 불안해한다. 위대한 철학자 소크라테스는 "만족은 타고난 부유함이며, 사치는 인위적인 빈곤이다"라고 말했다.

이 책에서 여러 차례 언급했지만, 풍족함에 대한 의식을 좌우하는 것은 돈이다. 돈이 얼마나 순조롭게 내게 들어오는지는 풍족함에 대한 의식에 달려있다.

우리가 열심히 버는 돈은 삶의 질에 도움이 되어야 한다. 삶의 질이 개선되지 않으면, 다시 말해, 돈을 벌기 위해 하는 일이 정말 싫다면, 그렇게 번 돈은 무용지물이다. 풍족함이라는 말은 우리가 가진 돈이 얼마인지 뿐 아니라 삶의 질도 내포한다.

풍족함은 돈으로만 정의할 수 없는 개념이다. 풍족함에는 시간, 사랑, 성공, 기쁨, 안락함, 아름다움, 지혜가 녹아 있다. 예를 들어 시간적인 차원에서 궁핍한 삶을 살 수 있다. 기한에 쫓기고 압박을 느끼며 '번갯불에 콩 볶아 먹는' 심정으로 하루하루를 살아간다면, 시간은 가난에 절어 있는 셈이다. 반대로 주어진 모든 일을 여유 있게 마칠 수 있다고 느끼고, 주어진 어떠한 일도 너끈히 완성할 수 있다는 확신이 생기면, 시간에 대해 풍족함을 누린다는 의미다.

그렇다면 성공은 어떠한가? 성공은 본인과 무관하고 결코 손에 넣을 수 없는 것으로 생각하는가? 아니면 자신의 노력으로 충분히 성공할 수 있다고 생각하는가? 성공에 대한 확신이 있다면, 이미 성공에 대한 마음가짐의 차원에서 부자가 된 셈이다.

어떠한 사고방식을 갖고 있건, 당신이 처한 지금, 이 순간 그 생각은 즉각 바뀔 수 있다는 점을 기억하라. 당신을 창조한 전능한 힘은 당신의 경험을 직접 만들어가는 힘을 당신에게 부여했다는 사실을 기억하라. 당신은 바뀔 수 있다!

미러 워크

....

양팔을 최대한 벌린 채 서서, "나는 좋은 모든 것을 열린 마음으로 받아들인다!"라고 말해 보라. 기분이 어떻게 바뀌었는가?

이제는 거울을 보고 더욱 감정을 이입하여 이 말을 다시 해본다.

어떠한 감정이 생겨나는가? 해방감과 기쁨이 느껴지는가? 아니면 숨고 싶을 정도로 마음이 쪼그라드는가?

심호흡하고 다시 말한다. "나는 _____ (직접 문장을 완성한다)을 열린 마음으로 받아들인다." 이 마음 수련을 매일 아침 실행해 본다. 풍족함에 대한 의식을 넓히고 인생에 더 좋은 것들이 많이 찾아오도록 하는 멋지고 상징적인 동작이다.

마음 수련: 돈에 관한 감정

이 부분에서 자신의 가치에 대해 어떠한 감정을 느끼는지 성찰해 보자. 다음의 질문들에 대해 최대한 답변을 작성해 보라.

1. 거울로 돌아간다. 자신의 눈을 마주하고 이렇게 말한다. "돈에 대해 내가 가장 두려운 것은 _____ 이다."
(자신이 생각하는 답을 적는다.)

....

....

....

2. 어릴 적, 돈이 어떠한 거라고 알게 되었는가?

....

....

....

....

3. 부모님이 IMF나, 리먼브라더스 사태를 강타한 경제 대공황을 겪었는가? 부모님은 돈에 대해 어떠한 가치관을 지녔는가?

....

....

....

....

....

....

....

4. 가정에서 돈은 어떠한 방식으로 관리되었는가?

....

....

....

....

....

....

....

5. 지금 당신은 돈을 어떻게 관리하고 있는가?

....

....

....

....

....

....

....

6. 돈에 대한 의식이나 가치관을 어떻게 바꾸었으면 하는 가?

....

....

....

....

....

....

....

마음 수련: 돈에 대한 의식

돈의 영역에서 자신의 가치에 대해 어떠한 감정을 느끼는지 성찰해 보자. 다음의 질문들에 대해 최대한 답변을 작성해 보라.

1. 나는 돈을 소유하고 그 가치를 누릴 자격이 된다고 생각하는가?

예시: 딱히 그렇지 않다. 돈을 손에 넣자마자 써버리는 습성이 있다.

당신의 예시:

....

....

확언의 예시: 나는 내가 가진 돈을 축복한다. 돈을 저축해서 필요할 때 요긴하게 쓸 수 있다는 생각은 마음을 풍족하게 한다.

당신의 확언:

....

....

2. 돈에 관해 어떠한 부분이 가장 두려운가?

예시: 나는 언제라도 빈털터리가 될 것 같아 두렵다.

당신의 예시:

....

....

확언의 예시: 나는 무한한 우주가 선사하는 무한한 풍족함을 받아들인다.

당신의 확언:

....

....

3. 빈털터리가 될 수 있다는 두려움에서 내가 얻는 '결과'는 무엇인가?

예시: 나는 계속 가난에서 벗어나지 못하고, 남들에게 손을 벌리는 신세가 될 것이다.

당신의 예시:

....

....

....

확언의 예시: 나는 내가 지닌 내면의 힘을 발휘하고 내 현실을 멋지게 만들어간다. 나는 내 삶의 과정을 믿는다.

당신의 확언:

....

....

....

4. 빈털터리가 된다는 생각을 버리면, 그다음에는 어떠한 두려움이 생겨날까?

예시: 나를 사랑하거나 보살펴 줄 사람이 없을 것 같다.

당신의 예시:

....

....

확언의 예시: 나는 우주 속에서 심신의 안정을 느낀다. 한평생 나는 사랑과 지지를 받으며 산다.

당신의 확언:

....

....

....

마음 수련: 돈의 사용에 관하여

당신이 돈을 사용하는 방식에 대해 자책하는 세 가지 측면을 적어 본다. 항상 채무에 시달리거나, 저축을 못 하거나, 자린고비처럼 돈을 쓰는 것을 극도로 꺼릴 수도 있을 것이다.

　문제가 될 만한 행동을 하지 않은 아래의 경우에 대해 생각해 보라.

예시:

⋯ **내가 자책하는 나의 행동:** 반복적인 충동구매와 벗어나지 못하는 빚더미. 헤픈 씀씀이를 도저히 중단할 수 없을 것 같다.

⋯ **내가 칭찬하는 나의 행동:** 오늘 월세 내는 날에 월세를 입금. 매월 첫날이 월세 내는 날인데, 나는 미루지 않고 제때에 냈다.

⋯ **내가 자책하는 나의 행동:** 버는 돈을 100% 저축. 아까워서 내가 번 돈을 도저히 쓸 수가 없다.

⋯ **내가 칭찬하는 나의 행동:** 할인판매도 아닌 셔츠를 구매. 오늘은 내가 정말로 갖고 싶은 걸 샀다.

1. 내가 자책하는 나의 행동은:

....

....

....

내가 칭찬하는 나의 행동은:

....

....

....

....

2. 내가 자책하는 나의 행동은:

....

....

....

내가 칭찬하는 나의 행동은:

....

....

....

....

3. 내가 자책하는 나의 행동은:

....

....

....

내가 칭찬하는 나의 행동은:

....

....

....

....

심상화 1

가슴에 한 손을 대고 몇 차례 심호흡하며 긴장을 푼다. 돈에 관해 당신이 처할 최악의 상황에서 어떠한 행동을 보일 것 같은지 상상해 본다. 예를 들어 돈을 빌렸는데 갚을 형편이 안 되는 상태에서 이미 형편에 안 맞는 물건을 사버렸거나 빈털터리가 된 경우일 수 있다. 당신이 이러한 상황이라고 상상해 본 다음, 그 상황에 놓인 그런 당신을 사랑하라. 당신도 그 당시 갖고 있던 지식, 이해, 능력을 활용해 최선을 선택했다. 그런 당신을 사랑하라. 지금 생각하면 부끄러운 행동을 한 그때의 당신을 떠올리며 그런 당신을 사랑하라.

· ·

항상 갖고 싶어 하던 모든 것을 다 갖게 되면 어떠한 기분이 들겠는가? 손에 넣게 된 그 모든 것들이 어떻게 보일 것 같은가? 이런 것들이 있으면 어디를 갈 것 같은가? 또 무엇을 할 것 같은가? 이 상황을 느껴보고, 즐겨 보라. 상상의 나래를 펼치면서 최대한 즐겨 본다.

11장 첫 페이지 도입부에 나와 있는 체크리스트를 점검한 후, 각 항목의 생각에 대한 확언을 검토해 보라. 이러한 확언을 되뇌는 것이 일상의 루틴이 되게 하라. 직장에서, 차 안에서, 혹은 양치질하면서 확언을 말해 본다.

··· **당신의 생각**

⇨ **당신의 확언**

··· 도저히 돈을 저축할 수가 없다.

⇨ 돈이 모이면 저축하는 것은 이제 습관이 되었다.

··· 내가 버는 돈이 매우 부족하다.

⇨ 내 수입은 계속 올라가고 있다.

··· 내 은행 신용도는 바닥이다.

⇨ 내 신용도는 계속 나아지고 있다.

··· 밑 빠진 독에 물 붓기처럼 통장 잔액이 늘 비어 있다.

⇨ 나는 돈을 현명하게 쓴다.

··· 모든 게 너무 비싸다.

⇨ 나는 항상 내가 필요한 만큼의 것들을 갖고 있다.

··· 왜 나만 빼고 다 돈이 있는 거지?

⇨ 나는 항상 생활하는 데 필요한 만큼의 돈은 갖고 있다.

··· 나는 공과금을 낼 형편도 안 된다.

⇨ 나는 내가 내는 모든 공과금을 축복한다. 나는 미루지
   않고 낸다.

… 얼마 후 빈털터리가 될 것 같다.

⇨ 나의 재무 상태는 건전하다.

… 노년 자금을 모을 수가 없다.

⇨ 나는 착실하게 노후 준비를 하고 있다.

… 돈에 대한 집착을 내려놓을 수가 없다.

⇨ 나는 동전 한 푼도 기쁜 마음으로 사용한다.

삶을 이끄는 힘

◇◇◇◇◇◇◇◇◇◇◇◇◇◇◇◇◇◇

1. 우리의 경험에 대한 책임은 우리에게 있다.

2. 우리 마음속의 모든 생각이 우리의 미래를 만든다.

3. 사람들은 분노, 비판, 죄책감, 자기혐오의 소모적인 패턴에 갇혀 있다.

4. 현재 존재하는 것은 현상이 아닌 생각뿐이며, 생각은 바뀔 수 있다.

5. 과거를 내보내고 모든 이를 용서해야 한다.

6. 지금 '현재의 순간'에 자기 자신을 인정하고 수용하는 것이야말로 긍정적 변화로 가는 열쇠다.

7. 삶을 이끄는 힘은 항상 현재의 순간에 있다.

12장
친구
"나는 나의 친구다."

우정에 관한 체크리스트

☐ 내 친구들은 내 편이 아니다.

☐ 모두 나를 쉽게 이러쿵저러쿵 판단한다.

☐ 나와 같은 관점을 가진 사람이 없다.

☐ 내가 생각하는 나만의 경계선이 존중받지 못한다.

☐ 나는 친구 관계를 오래 유지하지 못한다.

☐ 나는 진정한 나의 모습을 친구들에게 보여줄 수 없다.

☐ 나는 친구들에게 좋은 방향으로 충고하는 편이다.

☐ 나는 친구 사귀는 법을 모르겠다.

☐ 나는 친구들에게 도움을 요청하는 법을 모르겠다.

☐ 나는 친구에게 거절하는 법을 모르겠다.

이 중 몇 가지가 당신에게 해당한다고 생각하는가? 친구 관계를 개선할 수 있는 여지가 있을지 한번 살펴보자.

우정이란 수많은 관계 중에서 가장 수명이 긴 중요한 관계가 될 수 있다. 우리는 연인이나 배우자 없이는 살 수 있다. 직계 가족 없이 사는 것도 가능하다. 그러나 우리 대부분은 친구가 없으면 행복한 삶을 살 수 없다. 우리는 이세상에 태어나기 전부터 부모님을 우리가 선택하는 것으로 생각한다. 그런데 친구를 선택하는 것은 의지만 있으면 충분히 할 수 있는 일이다.

미국의 유명한 철학자이자 작가인 랄프 왈도 에머슨 Ralph Waldo Emerson은 우정에 관한 수필에서 젊음과 영원한 생명을 주는 음료라는 뜻에서 '신들의 과일즙nectar of the gods'이라고 표현했다. 그는 연인관계에서는 상대방에게 마음이 안 드는 부분이 있으면 바꾸려는 심리가 있다고 설명했다. 그러나 친구 관계에서는 서로를 있는 그대로 인정하고 존중하며 한 발짝 물러서 서로를 바라보는 경향이 있다.

친구는 핵가족 문화의 연장선 혹은 대체가 될 수 있다. 인간에게는 남들과 인생의 경험을 공유하고 싶은 큰 욕구가 있다. 우정이라는 관계 속에서 타인에 대해 배워나가기도 하지만, 자신에 대해서도 잘 알게 된다. 우정은 자기 가치와 자존감을 비추는 거울과 같은 관계이다. 자신을 들여다볼 완벽한 기회를 선사하고, 성숙해질 필요가 있는 부분에 대해서도 알게 해준다.

한편, 친구와의 끈끈한 우정에 금이 가면서 껄끄러운 관계가 되면, 유년 시절 듣고 자란 부정적인 말들을 떠올려 볼 수 있다. 오래 묵은 앙금과 상처를 말끔히 정리할 때가 되었을 수도 있다. 부정적인 말들을 수년간 듣고 난 후에 정신 상태를 말끔히 청소하는 느낌은 평생 영양이 부실한 음식만 먹다가 어느 순간부터 현실을 자각하고 영양가 높은 식단을 먹는 것과 유사하다. 식단을 건강하게 바꾸는 순간, 몸에서는 독소가 본격적으로 빠져나간다. 단 처음 하루 이틀은 몸이 아플 수 있다.

정신적인 생각의 패턴을 바꾸겠다는 결심을 할 때도 마찬가지다. 처음에는 오히려 상황이 더 안 좋아지는 것같이 보인다. 그러나 기억하라! 땅속 깊은 비옥한 흙에 도달

하려면 마른 잡초를 최대한 뿌리째 뽑아내야 하는 법이다. 그러나 당신은 할 수 있다. 나는 당신이 해낼 것이라는 걸 안다.

마음 수련: 우정

다음과 같은 확언을 다음의 빈칸에 세 번 적는다.

"친구 관계에서 늘 문제를 일으킨 내 머릿속 생각과 감정의 패턴을 내보내려고 한다."

....

....

....

....

....

1. 처음 사귀게 된 친구와의 우정은 어떠했는가?

....

....

....

....

....

2. 오늘날 친구들과의 관계는 어떠한가? 어릴 적 우정을 쌓았던 방식과 비슷한가?

예시: 나는 항상 친구들 옆에서 부하 노릇을 자청했다. 나는 지금도 대장 노릇을 하려는 친구에 끌린다.

....

....

....

....

....

....

....

3. 부모로부터 우정에 관해 무엇을 배웠는가?

....

....

....

....

....

....

4. 부모는 어떠한 친구들과 사귀었는가?

....

....

....

....

....

....

....

5. 앞으로 어떠한 친구를 사귀고 싶은가? 구체적으로 적어 본다.

....

....

....

....

....

....

....

우정 속에서 자신의 가치에 대해 어떠한 생각을 하고 있는지 성찰해 보자. 아래의 각 질문에 답한다. 답을 적은 후에 기존의 생각을 대체할 긍정 확언 문구를 적는다.

1. 친구와의 관계 속에서 자신의 가치가 존중받고 있다고 느끼는가?

예시: 아니다. 누가 나 같은 사람 옆에 있고 싶겠는가?

당신의 예시:

....

....

확인의 예시: 나는 나 자신을 사랑하고 받아들인다. 나는 친구들 사이에서 인기가 많다.

당신의 확언:

....

....

2. 우정에서 가장 두려운 것이 무엇인가?

예시: 나는 친구에게서 배신당할까 봐 두렵다. 난 누구도 신뢰할 수 없다는 생각이 든다.

당신의 예시:

....

....

확언의 예시: 나는 나를 믿는다. 나는 삶을 믿는다. 나는 내 친

구들을 믿는다.

당신의 확언:

....

....

3. 이러한 생각에서 내가 얻는 '결과'는 무엇인가?

예시: 나는 문제를 지적하고 판단하는 편이다. 친구가 책잡힐

일을 하나라도 하면, '옳다구나' 하면서 문제를 바로 지적한다.

당신의 예시:

....

....

확언의 예시: 나는 친구들과 진정한 우정을 나누고 있다. 나는

친구를 사랑하고 응원한다.

당신의 확언:

....

4. 내가 이 생각을 버렸을 때 무엇이 가장 두려운가?

예시: 내 마음대로 못 할 것 같다. 다 내려놓고 나의 진정한 모습을 보여줘야 할 것 같다.

당신의 예시:

....

....

확언의 예시: 내가 자신을 사랑하고 받아들이면 다른 사람들을 사랑하기도 쉬워진다.

당신의 확언:

....

....

　삶에 대한 책임, 삶에서 일어나는 온갖 일에 대한 책임은 삶의 주체인 자신에게 있다. 그렇기에 누군가에 비난의 화살을 돌릴 수 없다. 우리가 '직면'하는 모든 상황은 우리 내면의 생각을 반영하는 거울이다.

마음 수련: 친구들에 대해 생각하기

인생에서 친구들의 행동으로 깊은 상처나 괴로움을 느꼈던 세 가지 사건을 떠올려본다. 친구가 우정을 배신하거나 당신이 친구가 필요할 때 연락이 끊어진 경우도 이에 해당한다. 당신의 배우자나 친구와의 관계에 끼어들어 문제를 일으켰을 수도 있다.

각 경우에 대해 그 사건의 제목을 적고, 각 사건에 대해 지금 '당신의 마음을 떠다니는' 생각을 몇 가지 적어 본다.

사건 예시: 내가 16세였을 때, 나의 절친 수지는 어느 순간 갑자기 내게 등을 돌리더니 나에 대해 안 좋은 소문을 퍼뜨리기 시작했다. 내가 둘러대지 말고 이실직고해! 왜 그러는지 말해 보라 했지만, 내게 거짓말을 했다. 나는 그 해 1년 내내 친구가 없었다.

당시 나를 지배하던 생각: 나 같은 애는 친구를 가질 자격이 안 돼. 차갑고 비판적인 수지의 성격에 이끌려 그 애와 친구가 된 것 같다. 나는 훈계와 비판을 받는 것에 익숙했으니까.

1. 사건:

....

....

....

....

당시 나를 지배하던 생각:

....

....

....

2. 사건:

....

....

....

....

당시 나를 지배하던 생각:

....

....

....

3. 사건:

....

....

....

....

....

....

....

당시 나를 지배하던 생각:

....

....

....

....

....

....

....

....

마음 수련: 친구들에게서 받은 도움

인생에서 친구들의 도움을 받았던 세 가지 사건을 떠올려 본다. 당신이 힘든 상황에서 진정으로 당신 편이 되어주었거나, 당신이 경제적으로 힘들 때 돈을 건네주었을 수도 있다. 아니면 힘든 상황을 해결하는 데 실질적으로 도움을 주었을 수도 있다.

각 경우에 대해 그 사건의 제목을 적고, 각 사건에 대해 지금 '당신의 마음을 떠다니는' 생각을 몇 가지 적어 본다.

예시: 나는 죽는 날까지 회사 동료이자 친구였던 헬렌을 잊을 수 없다. 첫 직장에서 참여한 회의에서 내가 황당한 발언을 한 적이 있었다. 그때 다들 나를 비웃고도 남을 상황이었다. 그러나 헬렌은 나를 옹호하면서 내가 무안하지 않게 해주었다. 민망한 상황에서 나를 구해준 그녀 덕분에 회사에서 해고되지 않았다.

1. 사건:

....

....

....

당시 나를 지배하던 생각:

....

....

....

2. 사건:

....

....

....

....

당시 나를 지배하던 생각:

....

....

....

3. 사건:

....

....

....

....

....

....

....

당시 나를 지배하던 생각:

....

....

....

....

....

....

....

....

칭찬과 감사

어떠한 친구에게 특별히 고맙다는 생각이 드는가? 잠시 마음속으로 떠올려본다. 그 사람의 이미지가 떠오르면, 그 사람의 눈을 보고 이렇게 말한다. "친구야, 네가 필요할 때 내 곁이 있어 주어서 고맙고 너한테 좋은 일만 생기길 바랄게. 앞으로 꽃길만 걷길 기도할게."

12장 첫 페이지 도입부에 나와 있는 체크리스트를 점검한 후, 각 항목의 생각에 대한 확언을 검토해 보라. 이 확언들이 당신 일상의 루틴이 되게 하라. 차 안에서, 직장에서, 매일 아침 화장실 거울 앞에서 확언을 되뇌라.

··· 당신의 생각

⇨ **당신의 확언**

··· 내 친구들은 내 편이 아니다.

⇨ 내 친구들은 다정하고 언제든 나를 도와주려고 한다.

··· 다들 나를 쉽게 이러쿵저러쿵 판단한다.

➡ 나는 심신이 편안한 상태이고, 다들 나를 사랑하고 도와준다.

··· 나와 같은 관점을 가진 사람이 없다.

➡ 나는 모든 관점을 열린 마음으로 받아들인다.

··· 내가 생각하는 나만의 경계선이 존중받지 못한다.

➡ 나는 다른 사람들을 존중하고, 그들도 나를 존중한다.

··· 나는 친구 관계를 오래 유지하지 못한다.

➡ 내가 타인을 사랑하고 받아들이기 때문에 나는 오랜 우정을 이어간다.

··· 나는 진정한 나의 모습을 친구들에게 보여줄 수 없다.

➡ 내가 허심탄회하게 진실한 모습을 보여도 불편하지 않다.

··· 나는 친구들에게 좋은 방향으로 충고하는 편이다.

⇨ 내 친구들과 나는 전혀 거리낌 없이 있는 그대로의 우리 모습을 보여줄 수 있다.

··· 나는 친구 사귀는 법을 모르겠다.

⇨ 나를 이끌어 줄 나의 내면의 지혜를 믿는다.

··· 나는 친구들에게 도움을 요청하는 법을 모르겠다.

⇨ 내가 바라는 것을 요청해도 된다.

··· 나는 친구에게 거절하는 법을 모르겠다.

⇨ 나는 나의 한계를 초월하여, 자유롭게 내 의사를 표현할 수 있다.

"나는
누군가의 친구가 될 권리를
나에게 부여한다."

삶을 이끄는 힘

◇◇◇◇◇◇◇◇◇◇◇◇◇◇◇◇◇◇◇◇

1. 우리의 경험에 대한 책임은 우리에게 있다.

2. 우리 마음속의 모든 생각이 우리의 미래를 만든다.

3. 사람들은 분노, 비판, 죄책감, 자기혐오의 소모적인 패턴에 갇혀 있다.

4. 현재 존재하는 것은 현상이 아닌 생각뿐이며, 생각은 바뀔 수 있다.

5. 과거를 내보내고 모든 이를 용서해야 한다.

6. 지금 '현재의 순간'에 자기 자신을 인정하고 수용하는 것이야말로 긍정적 변화로 가는 열쇠다.

7. 삶을 이끄는 힘은 항상 현재의 순간에 있다.

13장
성생활
"나는 나의 성생활에 당당하다."

성생활에 관한 체크리스트

☐ 나는 성관계가 두렵다.

☐ 성관계는 더러운 것이다.

☐ 성기가 무섭다.

☐ 성적으로 충족이 안 된다.

☐ 내 것의 크기나 모양은 비정상이다.

☐ 내 성생활이 부끄럽다.

☐ 내가 성적으로 원하는 것을 요청하지 못한다.

☐ 창조주는 내가 성적인 것을 금기시하길 바라는 것 같다.

☐ 내 연인은 결코 내 몸매를 마음에 들어 하지 않을 것

이다.

☐ 나는 심신의 '불편함'이나 '성적 질환'이 두렵다.

☐ 나는 잘하지 못한다.

☐ 성관계는 아프다.

이 중 몇 가지가 당신에게 해당한다고 생각하는가? 3~4개 이상을 표시했다면, 이 부분에 대해 조치가 필요하다.

성관계는 많은 사람이 어려움이나 부담을 느끼는 부분이다. 의지와 무관하게 너무 많이 하거나 너무 적게 한다는 불만도 많다. 성관계는 위협이 될 수도, 동기부여가 될 수도, 미치게 할 수도, 현실 도피의 수단이 될 수도 있다. 부드럽고, 애정이 가득하며, 희열을 주기도 하지만, 통증과 분노를 유발하기도 하고, 경이롭고 충만할 수도 있지만, 굴욕감을 주기도 한다.

사람들은 성관계와 사랑을 동일시하거나, 사랑하는 사이가 되어야 성관계를 할 수 있다고 생각한다. 혼전순결을 지키지 않는 것을 죄악시하거나 성관계는 번식을 위한 것이지 쾌락을 위한 것이 되어서는 안 된다고 세뇌되어 자란 사람들도 많을 것이다. 이러한 고정관념에 반감을 느끼며 성관계와 사랑은 별개라고 생각하는 사람들도 있다.

성관계에 관한 우리의 생각 대부분은 우리의 유년 시절, 그리고 창조주와 종교에 대한 우리의 관념으로 거슬러 올라갈 수 있다. 아주 어렸을 적에는 어머니가 얘기해 주는 창조주, 즉 '엄마가 믿는 신'에 대한 생각을 새기며 자란 경우도 많을 것이다. 신의 이미지는 수염이 난 노인의 이미지인 경우가 많다. 이 노인은 구름 속에 앉아서 사람들의 성기를 바라보며, 누가 죄를 짓는지 매의 눈으로 지켜본다.

그런데 잠시 우주가 얼마나 광활한지 생각해 보라. 우주는 그야말로 완벽한 곳이다. 세상을 창조한 전지전능함이 있다. 이렇게 신성한 우주라는 존재는 나의 성기를 바라보는 비판적인 노인과는 거리가 멀다고 생각한다.

우리가 아기였을 때에는 우리의 몸이 얼마나 완벽한지를 인지했고, 본능적으로 타고난 유아 성욕에 대해서도 만족했다. 스스로에 대해 수치심을 느끼는 아기는 없을 것이다. 자신의 가치가 엉덩이 크기와 직결한다고 생각하는 아기는 없다.

우리는 우리에게 자양분이나 도움이 안 되는 이미지와 생각은 끊어 내어 버려야 한다. 60년대 후반에 나타난 '성혁명' 혹은 '성적 해방' 운동은 여러 면에서 성 의식에 긍정적인 영향을 주었다고 생각한다. 도덕적 기준이 높았던 빅토리아 시대의 관념과 위선에서 벗어날 수 있는 계기가 되기도 했다. 성적인 자유에 대한 과감한 주장이나 억압의 균형점을 찾기까지 오랜 과도기가 있을 것이다. 나는 성관계라는 것은 환희와 애정이 가득한 행위가 되어야 한다고 생각한다. 성관계에 관해 마음이 열려있고, 각자의 몸과 마음을 아낀다면, 자신 혹은 타인에 해를 가하는 일은 없을 것이다. 그러나 성관계는 학대의 형태가 되기도 하고, 낮은 자존감을 표출하기도 한다. 자신이 가치 있는 사람이라는 사실을 확인하기 위해 새로운 섹스 파트너를 계속해서 물색하거나, 외도를 밥 먹듯이 한다면, 어떠한 생각을 하고 사는지 깊이 성찰할 필요가 있다.

심상화

다음에서 제시하는 여러 질문에 답하기 전에, 눕거나 편안한 자세로 앉는다. 눈을 감고 양손을 가슴에 올려 준다. 밝고 하얀 빛이 가슴을 파고드는 이미지를 상상한다. 찬란한 빛에 집중해서 "나는 마음에 사랑을 담고 싶다"라고 큰 소리로 말한다. 사랑의 기운이 가슴으로 흘러 들어오는 것을 가슴으로 느낀다. 몇 분 후에 이 과정을 몇 차례 반복하고, 눈을 뜬 후에 "다 잘될 거야"라고 말한다.

　다음의 질문을 읽고 최대한 솔직하게 답을 적어 보라. 받을 자격의 힘을 이해하는 데 도움이 될 것이다.

1. 어릴 적 성관계에 대해 알고 있었던 내용은 무엇인가?

....

....

....

....

....

....

2. 인간의 몸에 관해 부모님이 가르쳐 준 내용은 무엇인가? 몸은 아름다운 것으로 생각했는가, 아니면 부끄러운 것으로 생각했는가?

....

....

....

....

....

....

3. 성관계에 대해 선생님들은 뭐라고 했는가? 교회를 다녔다면, 교회에서는 어떻게 가르쳤는가? 벌을 받게 되는 죄라고 배웠는가?

....

....

....

....

....

....

4. 당신의 성기를 칭할 때 어떠한 단어가 사용되었는가? '아랫도리' 혹은 '거시기'라고 부르지는 않았는가?

....

....

....

5. 부모님은 만족스러운 성생활을 했다고 생각하는가?

....

....

....

....

6. 당신의 성관계에 대한 가치관은 부모님이 생각하는 가치관과 얼마나 비슷하다고 생각하는가?

....

....

....

....

....

7. 달랐다면, 어떻게 달랐는가?

....

....

....

....

....

8. 당신이 어릴 적에 창조주는 성관계에 대해 어떠한 '생각'을 했다고 보는가?

....

....

....

....

9. 성관계와 사랑을 동일시하는가?

....

....

....

....

10. 성관계를 하는 동안 어떠한 기분이 드는가? 애정과 부드러움을 느끼는가? 스스로 강인함을 느끼는가? 아니면 죄책감을 느끼는가?

....

....

....

....

....

11. 자기 자신이나 남을 성적으로 학대한 적이 있는가?

....

....

....

....

....

....

12. 성적 학대를 당한 적이 있는가?

....

....

....

....

....

....

13. 당신의 성생활에 대해 바꾸고 싶은 게 있다면, 무엇을 바꾸고 싶은가?

....

....

....

....

....

....

....

미러 워크

자, 이제 거울 속에 비친 당신의 눈을 보고 "나는 내 몸과 내 성생활을 소중히 여기고 싶다"라고 말한다. 이 문구를 3번 말하는데, 할 때마다 의미와 감정을 더 싣는다. 그런 다음, 다음의 질문에 답한다.

1. 당신의 몸에 대해 가장 부정적으로 생각하고 있는 것은 무엇인가?

....

....

....

....

2. 이러한 생각은 어디에서 출발했는가?

....

....

....

....

3. 이러한 생각을 끊어 버리고 싶은가? ☐ 그렇다 ☐ 아니다

이제는 자신의 가치에 대한 문제를 살펴보자. 다음 페이지에 나와 있는 질문에 답해 본다. 각 답변에 대해 이에 상응하는 확언을 작성한다.

1. 나는 내 성생활을 즐길 자격이 되는가?

예시: 아니다. 나는 내 몸매를 증오한다. 성관계를 할 때 대충 끝내버리고 싶다. 내 외모가 못났다고 생각한다.

당신의 예시:

....

....

확언의 예시: 나는 나의 아름다운 몸을 사랑하고 감사하게 생각한다. 내게 딱 맞는 완벽한 체구와 몸매다. 나는 성생활에서 희열을 느낀다.

당신의 확언:

....

....

....

2. 내 성생활에서 가장 두려운 부분이 무엇인가?

예시: 비웃음을 당할 것 같아 두렵다. 뭘 잘못하거나 어떻게 해야 할지 모를 것 같아 두렵다. 나는 더러운 기분이 생길 것 같아 두렵다.

당신의 예시:

....

....

....

....

....

확언의 예시: 당신이 써보시길…

당신의 확언:

....

....

....

....

....

....

3. 이러한 생각에서 내가 얻는 '결과'는 무엇인가?

예시: 나는 보호받고 있다. 마음이 놓이기 시작한다. 그런데 성기를 노출하면서 누가 내게 다가오는 게 싫다. 성기는 무섭다.

당신의 예시:

....

....

....

....

....

확언의 예시: 있는 그대로의 내 모습으로 있어도 마음이 놓인다. 나는 내 몸의 모든 부분을 사랑한다. 내 삶의 과정이 나를 안심시키는 것을 믿는다.

당신의 확언:

....

....

....

....

....

....

4. 내가 이 생각을 놓아버린다고 했을 때, 어떠한 점이 두려운가?

예시: 나는 내가 통제력을 잃을 것 같아 두렵다. 갈피를 못 잡을 것 같아 두렵다. 진정한 내가 없어질 것 같다.

당신의 예시:

....

....

....

....

....

....

확언의 예시: 당신이 써보시길…

당신의 확언:

....

....

....

....

....

....

13장 첫 페이지 도입부에 실린 생각에 관한 체크리스트를 다시 확인한 다음, 각 생각에 맞는 확언을 찾아보라. 이러한 확언을 되뇌는 것이 일상의 루틴이 되게 하라. 차 안에서, 직장에서, 혹은 부정적인 생각이 떠오를 때마다 해도 좋다.

··· 당신의 생각

⇨ **당신의 확언**

··· 나는 성관계가 두렵다.

⇨ **내가 성생활에 심취해도 문제가 될 것이 없다.**

··· 성관계는 더러운 것이다.

⇨ **성관계는 부드럽고, 애정 가득하며, 희열을 준다.**

··· 성기가 무섭다.

⇨ **성기는 정상적이고, 자연스러우며, 아름답다.**

… 성적으로 충족이 안 된다.

⇨ 나는 항상 성적으로 충족되고 만족한다.

… 내 것의 크기나 모양은 비정상이다.

⇨ 내 성기는 완벽하다.

… 내 성생활이 부끄럽다.

⇨ 나는 스스로에 대한 불신을 뛰어넘어 온전히 나 자신을 받아들인다.

… 내가 성적으로 원하는 것을 요청하지 못한다.

⇨ 나는 기쁜 마음으로 자유롭게 나의 갈망을 표현한다.

… 창조주는 내가 성적인 것을 금기시하길 바라는 것 같다.

⇨ 나를 창조하신 창조주는 내 성생활을 인정한다.

… 내 연인은 결코 내 몸매를 마음에 들어 하지 않을 것이다.

⇨ 내가 내 몸에 대해 가진 애정을 내 연인에게서도 느낀다.

··· 나는 심신의 '불편함'이나 '성적 질환'이 두렵다.

⇨ 나는 신성하게 보호받고 인도된다.

··· 나는 잘하지 못한다.

⇨ 나는 나 자신과 내 성적 취향을 사랑한다. 마음 상태
　가 평화롭다.

··· 성관계는 아프다.

⇨ 나는 내 몸을 부드럽게 대하고 내 연인도 나를 그렇게
　대한다.

"나는
내 몸의 본능을 즐길 권한을
내게 부여한다."

삶을 이끄는 힘

◇◇◇◇◇◇◇◇◇◇◇◇◇◇◇◇◇

1. 우리의 경험에 대한 책임은 우리에게 있다.

2. 우리 마음속의 모든 생각이 우리의 미래를 만든다.

3. 사람들은 분노, 비판, 죄책감, 자기혐오의 소모적인 패턴에 갇혀 있다.

4. 현재 존재하는 것은 현상이 아닌 생각뿐이며, 생각은 바뀔 수 있다.

5. 과거를 내보내고 모든 이를 용서해야 한다.

6. 지금 '현재의 순간'에 자기 자신을 인정하고 수용하는 것이야말로 긍정적 변화로 가는 열쇠다.

7. 삶을 이끄는 힘은 항상 현재의 순간에 있다.

14장
사랑과 친밀함
"사랑은 나를 에워싸고 있다.
나는 사랑하고 사랑받는 사랑스러운 사람이다."

사랑과 친밀함에 관한 체크리스트

☐ 나는 거부당하는 게 두렵다.

☐ 내가 하는 사랑은 전혀 영원하지 않다.

☐ 나는 덫에 걸린 느낌이다.

☐ 사랑이 두렵다.

☐ 나는 뭘 하건 '상대방에' 맞춰 주어야 한다.

☐ 내가 상대방이 아닌 나를 챙길 때, 상대방은 나를 떠날 것이다.

☐ 나는 질투심이 많다.

☐ 나는 있는 그대로의 나로 살지 못한다.

☐ 나는 상대방에게 부족한 존재다.

☐ 나는 부모님처럼 결혼생활을 하고 싶지 않다.

☐ 나는 사랑하는 법을 모른다.

☐ 나는 내가 사랑하는 사람에게 거절하지 못한다.

☐ 다들 나를 떠나간다.

이 중에서 몇 가지가 당신에게 해당한다고 생각하는가? 무엇보다도 사랑과 친밀함에 대한 두려움을 완화해야 할 것이다.

어릴 적 사랑을 어떠한 방식으로 경험했는가? 가족 간에 사랑을 표현하는 방식이 어떠했는가? 싸우거나 소리를 지르거나 울거나 방문을 쾅 닫지는 않았는가? 아니면 세뇌를 시키거나 억압하고 통제하거나 침묵으로 일관하거나 복수하려고 하진 않았는가? 이 중 하나라도 해당한다면, 어른이 되어서도 이와 비슷한 행동을 할 가능성이 크다. 어릴 적 가정에서 경험한 것을 성인이 되어서도 답습하는 경우가 많다. 어릴 적 사랑을 갈구했지만 돌아오는 것은 상처뿐이었다면, 성인이 되어서도 이전에 가족 간에 하던 방식을 끊어 내지 않으면 또다시 상처받게 된다.

1. 당신의 마지막 연인관계는 어떻게 끝이 났는가?

....

....

....

....

....

....

....

....

2. 그 전의 연인과는 어떻게 끝이 났는가?

....

....

....

....

....

....

....

....

연인과의 관계에서 매번 상대방이 당신을 떠나 버리는 것으로 관계가 끝났을 수도 있다. 자꾸만 버림을 당하는 신세에 놓이게 되는 데에는 원인이 있을 수 있다. 부모님이 이혼했거나, 부모의 기대에 부응하지 못해 부모에게 외면당했거나, 가족의 죽음을 경험하였을 때 등이 해당할 수 있다.

이러한 패턴을 바꾸려면 부모를 용서하는 것도 중요하지만, 무엇보다 이전의 행동을 굳이 반복할 필요가 없다는 사실을 파악해야 한다. 부모님과 자신을 과거의 족쇄에서 풀어주어야 한다.

어릴 적 습관이나 행동의 패턴(유형?)을 커서도 반복하는 이유는 무의식적으로 이렇게 반복하는 것이 '필요'하다고 생각하기 때문이다. 그렇다면 왜 그것이 필요하다고 느낄까? 우리가 내려놓지 못하는 고정관념이 있기 때문이다. 어릴 때의 악습을 반복해야 할 필요를 느끼지 못한다면, 당연히 그렇게 행동하거나 생각하지 않을 것이다. 단 지나친 자책은 무의식적으로 과거의 패턴을 답습하려는 마음을 버리는 데 도움이 되지 않는다.

미러 워크

거울 속에 비친 자신의 눈을 바라보고, 심호흡한 후, "나는 내게 자양분과 도움이 되지 않는 관계가 필요하다는 생각을 내려놓고 싶다"라고 말한다.

거울 앞에서 이 말을 5번 반복한다. 매번 더 의미를 부여하면서 말한다. 말을 되뇌면서 과거 연인관계들을 일부 떠올려본다.

마음 수련: 사람들과의 관계

다음의 질문들에 대해 최대한 솔직하게 답변을 적는다.

1. 어릴 적 사랑이 어떤 것이라고 알고 있었는가?

....

....

....

....

....

2. 아버지 혹은 어머니와 '매우 비슷한' 성향의 상사를 둔 적

이 있었는가? 어떻게 비슷했는가?

....

....

....

....

....

3. 당신의 애인이나 배우자가 당신의 아버지 혹은 어머니와 비슷한가? 어떻게 비슷했는가?

....

....

....

....

....

....

....

4. 전반적으로 어떠한 점들이 서로 닮았는가?

....

....

....

....

....

....

....

....

5. 이 패턴을 바꾸기 위해 당신이 용서해야 하는 부분은 무엇인가?

....

....

....

....

....

....

....

6. 이러한 생각을 하고 나니, 앞으로 연인관계가 어떻게 되었으면 하는가?

....

....

....

....

....

....

....

이전의 생각들과 고정관념을 내버리지 않으면, 또다시 새로운 관계를 맺을 때도 당신을 따라다닐 수 있다. 당신이 미래에 품게 될 생각은 아직 자리 잡지 않았고, 어떠한 생각을 하게 될지 현재로서는 알 길이 없다. 단 현재의 생각, 지금 이 순간 머릿속을 가득 메우는 생각에 대한 주도권은 전적으로 당신에게 있다.

우리가 어떠한 생각을 할지 선택할 수 있는 유일한 주체는 바로 우리 자신이다. 같은 생각을 하도 많이 해서, 그 생각을 본인이 선택했다는 것이 생소해 보일 수는 있다. 그러나 애초에 선택은 우리 자신이 한 것이다. 마음에 담고 싶지 않은 생각들을 선택적으로 차단할 수 있다. 당신 자신에 대한 긍정적인 생각을 애써 덮어버린 일이 얼마나 자주 있었는가? 오히려 본인에 대한 부정적인 생각은 걷어 내도록 노력할 수 있을 것이다. 선택적인 사고에도 연습이 필요하다.

마음 수련: 사랑과 친밀함

이 주제에 대한 당신의 생각들을 알아보자. 각 답변을 적은 후, 이전 생각을 대체할 긍정 확언 문구를 (현재 시제로) 하나씩 적는다.

1. 나는 누군가와 친밀한 관계를 맺을 만한 자질이 있는가?

예시: 아니다. 나의 실체를 알면 도망칠 것이다.

당신의 예시:

....

....

확언의 예시: 나는 사랑스럽고, 알면 알수록 매력덩어리다.

당신의 확언:

....

....

2. 나는 사랑하는 걸 두려워하나?

예시: 그렇다. 나를 좋아하다가도 바람을 피울 것 같아 두렵다.

당신의 예시:

....

....

확언의 예시: 나는 항상 안정적인 연인관계를 유지한다.

당신의 확언:

....

....

3. 이러한 생각에서 내가 얻는 '결과'는 무엇인가?

예시: 내 인생에 로맨스 따윈 들여놓지 않는다.

당신의 예시:

....

....

확언의 예시: 나는 사랑이 찾아오도록 마음을 열어 두어도 마음이 편하다.

당신의 확언:

....

....

....

4. 내가 이 생각을 버리면 어떠한 일이 생길까 봐 두려운가?

예시: 단물만 다 빼먹고 관계를 끊어 상처를 입을 것이다.

당신의 예시:

....

....

....

확언의 예시: 진정한 내 모습을 남에게 보여도 마음이 편하다.

당신의 확언:

....

....

....

마음 수련: 비판적인 자아

비판은 내면의 영혼에 상처를 가하고 아무것도 변화시키지 않는다. 그러나 칭찬은 내면의 영혼에 활기를 주면서 긍정적인 변화를 가져올 수 있다. 사랑과 친밀함의 영역에서 자신을 자책하는 경우를 두 가지 정도 생각해 본다. 기분이 어떻다거나 필요로 하는 것이 무엇인지에 대해 사람들에게 말하기는 꺼릴 수도 있다. 아마도 누군가를 사귀는 것을 두려워하거나, 결국 상처만 남기는 사람만 다가올 수도 있을 것이다. 그렇다면, 마음속으로만 삭혀온 생각들을 어떻게 표출할 수 있는지 생각해 보라.

예시:

- ··· **내가 자책하는 부분:** 내가 필요로 하는 것을 주지 못하는 사람들을 선택하는 나 자신
- ··· **내가 스스로 뿌듯해하는 부분:** 내가 좋아하는 상대방에게 고백하는 것. 고백하는 것이 두려웠지만, 어쨌건 마음을 표현했다.

1. 내가 자책하는 부분:

....

....

....

내가 <u>스스로</u> 뿌듯해하는 부분:

....

....

....

....

2. 내가 자책하는 부분:

....

....

....

내가 <u>스스로</u> 뿌듯해하는 부분:

....

....

....

....

축하한다! 당신은 오랫동안 끊지 못했던 오랜 습관 하나를 끊어 내기 시작했다. 지금, 이 순간만큼은 스스로 뿌듯해하는 법도 배워나가고 있다. 항상 생각의 시점은 현재에 맞춰져 있어야 한다.

14장 첫 페이지 도입부에 실린 생각에 관한 체크리스트를 다시 확인한 다음, 각 생각에 맞는 확언을 찾아보라. 이러한 확언을 되뇌는 것이 일상의 루틴이 되게 하라. 차안에서, 직장에서, 혹은 부정적인 생각이 떠오를 때마다 해도 좋다.

··· 당신의 생각

⇨ 당신의 확언

··· 나는 거부당하는 게 두렵다.

⇨ 나는 나 자신을 사랑하고 있는 그대로 받아들인다. 나는 심신이 안정된 상태에 있다.

··· 내가 하는 사랑은 전혀 영원하지 않다.

⇨ 사랑은 영원한 것이다.

··· 나는 덫에 걸린 느낌이다.

⇨ 사랑은 내게 자유로움을 느끼게 한다.

··· 사랑이 두렵다.

⇨ 내가 사랑에 빠져도 전혀 문제 될 것이 없다.

··· 나는 뭘 하건 '상대방에' 맞춰 주어야 한다.

⇨ 우리는 항상 동등한 위치에 있다.

··· 내가 상대방이 아닌 나를 챙길 때, 상대방은 나를 떠날
    것이다.

⇨ 우리 자신은 각자 자신을 챙긴다.

··· 나는 있는 그대로의 나로 살지 못한다.

⇨ 사람들은 내가 있는 그대로의 모습일 때 나를 사랑한다.

··· 나는 상대방에게 부족한 존재다.

⇨ 나는 사랑받을 가치가 있다.

··· 나는 부모님처럼 결혼생활을 하고 싶지 않다.

⇨ 나는 부모님의 한계를 뛰어넘는다.

··· 나는 사랑하는 법을 모른다.

⇨ 나 자신과 다른 사람을 사랑하는 것이 매일 조금씩 수월해진다.

··· 나는 내가 사랑하는 사람에게 거절하지 못한다.

⇨ 내 연인과 나는 서로의 결정을 존중한다.

··· 다들 나를 떠나간다.

⇨ 나는 지금 애정이 가득한 장기 연애의 관계를 만들어간다.

"나는
친밀한 연인관계를 경험할 수 있는 권리를
나에게 부여한다."

삶을 이끄는 힘

◇◇◇◇◇◇◇◇◇◇◇◇◇◇◇◇◇

1. 우리의 경험에 대한 책임은 우리에게 있다.

2. 우리 마음속의 모든 생각이 우리의 미래를 만든다.

3. 사람들은 분노, 비판, 죄책감, 자기혐오의 소모적인 패턴에 갇혀 있다.

4. 현재 존재하는 것은 현상이 아닌 생각뿐이며, 생각은 바뀔 수 있다.

5. 과거를 내보내고 모든 이를 용서해야 한다.

6. 지금 '현재의 순간'에 자기 자신을 인정하고 수용하는 것이야말로 긍정적 변화로 가는 열쇠다.

7. 삶을 이끄는 힘은 항상 현재의 순간에 있다.

Part III
새로운 삶을 향해

15장
당신의 새로운 그림
"나는 새로운 빛 가운데 있는 나를 본다."

글 쓰는 손이 아닌 다른 손을 사용하여−오른손잡이는 왼
손으로, 왼손잡이는 오른손으로−새로운 자신의 모습을
그린다. 크레파스나 볼펜으로 그린다. 두 눈을 감고 심호
흡한다. 자신을 생각의 중심에 둔다.

당신은 누구인가?

왜 이곳에 있는가?

이곳에 무엇을 배우려고 왔는가?

이곳에 무엇을 가르치려고 왔는가?

무엇이 변했는가?

자신의 모습을 그림으로 그린다.

나를 행복하게 하는 것들

"행복은 나에게서 나온다는 사실을 알고 있다."

이 책에서 우리는 삶의 여러 영역을 탐색해왔다. 그 과
정에서 부정적인 패턴과 사고를 발견하기도 했다. 우리는
오랜 짐을 내려놓았다. 우리는 더 자유롭고 마음도 한결
가벼워졌다. 우리는 좋은 모든 것을 열린 마음으로 받아
들일 준비가 되어 있다. 이제는 이렇게 질문하고 싶다. 당
신을 행복하게 하는 것은 무엇인가? 지금은 싫어하는 것
을 생각하지 않는다. 인생에서 원하는 것에 대해 명확하
게 생각해 볼 때이다. 생각할 수 있는 모든 것을 떠올린다.
인생의 모든 영역을 떠올린다. 최소 50가지를 적어 보라.

1.

2.

3.

4.

5.

6.

7.

8.

9.

10.

11.

12.

13.

14.

15.

16.

17.

18.

19.

20.

21.

22.

23.

24.

25.

26.

27.

28.

29.

30.

31.

32.

33.

34.

35.

36.

37.

38.

39.

40.

41.

42.

43.

44.

45.

46.

47.

48.

49.

50.

이제는 각 문구에 대해 긍정 확언을 작성한다. 변화하기 위해 당신처럼 노력한 사람이라면 누구나 멋지고 새로운 세상을 살아갈 자격이 되고도 남는다는 사실을 기억하라.

1.

2.

3.

4.

5.

6.

7.

8.

9.

10.

11.

12.

13.

14.

15.

16.

17.

18.

19.

20.

21.

22.

23.

24.

25.

26.

27.

28.

29.

30.

31.

32.

33.

34.

35.

36.

37.

38.

39.

40.

41.

42.

43.

44.

45.

46.

47.

48.

49.

50.

인생에서 훌륭한 인맥, 장소, 물건을 소유하는 것도 큰 기쁨과 만족을 주지만, 반드시 '우리를 행복하게 하는' 것들은 아니라는 점을 명확히 파악해야 한다. '우리를 행복하게 하는' 주체는 우리 자신뿐이다. 행복하게 하는 힘을 밖에서 찾지 않는다. 다른 누군가 혹은 다른 무엇에는 그 힘이 없다. 자신을 행복하게 하라. 그러면 모든 좋은 것들이 풍요로운 삶이 될 것이다.

미러 워크

거울을 보고 심호흡을 한 후 미소를 짓는다. 그리고 "나는 멋진 삶을 살 자격이 된다!"라고 말한다. 다시 심호흡한다. "나는 내 리스트에 나온 모든 것을 누릴 자격이 된다." 심호흡한다. "나는 내 인생의 모든 좋은 것을 누릴 수 있고 받아들인다." 심호흡한다. "나는 애정 어리고 가치 있는 사람이다. 나는 나를 사랑한다." 심호흡한다. "내 세상에서는 만사가 순조롭다."

당신의 새로운 이야기

"나는 새로운 빛 가운데 있는 나를 본다."

당신의 인생에서 갖고 싶은 모든 대상을 리스트로 만들었다. 곁에 두고 싶은 사람들, 장소들, 사물들이 당신을 행복하게 할 수 있다고 생각하면서, 하나의 이야기 속에 각각을 넣어 보자. 원하는 만큼 길거나 짧게 쓸 수 있다.

_____를 하는 나는 지금 멋진 삶을 살고 있다.

심상화

이렇게 당신의 새로운 이야기를 적어 보았다. 이제는 그 세상에 사는 당신의 모습을 상상한다. 새로운 삶이 어떻게 느껴지는가? 나이가 들면서 어떠한 모습인가? 사람들과 조화로운 관계를 맺는 모습을 떠올린다. 새롭게 얻은 자유와 행복의 호흡을 들이마신다.

이완과 명상

이완은 치유 과정에서 중요한 요소다. 긴장하거나 공포에 떨고 있다면, 치유의 기운이 내면으로 흘러 들어오게 하기가 어렵다. 암 전문 외과 의사 버니 시겔은 이렇게 말했다. "명상이 신체 건강에 얼마나 좋은지는 많은 연구 기록이 있다. 혈압, 맥박, 혈류 내의 스트레스 호르몬 수치를 낮추거나 정상 수치로 만든다. 명상과 규칙적인 운동을 병행하면, 효과는 더욱 배가된다. 간단하게 말하자면 명상은 심신의 피로를 줄이면서, 삶의 질을 높이며 오래 살 수 있게 도와준다."

잠시 1~2분 시간을 내어 하루에 3~4번 정도 몸의 힘을 빼고 긴장을 푼다. 언제라도 두 눈을 감고, 심호흡을 2~3번 크게 하면서, 몸의 모든 긴장을 내보낸다. 시간적 여유가 된다면, 조용한 가운데 앉거나 누워서 몸이 온전히 긴장을 풀도록 몸과 대화한다. 속으로 자신에게 이렇게 말한다. "내 발가락이 이완하고, 내 발이 이완하고, 내 발목이 긴장을 푼다." 이러한 식으로 위아래의 다른 신체 부위에도 긴장을 푼다. 아니면 머리부터 발끝까지 순서대로 내려오면서 긴장을 풀어도 좋다.

이 간단한 수련이 끝나면, 잠깐 평화롭고 고요한 상태를 느낄 것이다. 이 수련을 반복해서 해 보면, 마음에 평온이 깃들게 된다. 어느 곳에서도 할 수 있는 매우 긍정적인 육체적 명상 방법이다.

대개 명상을 떠올리면, 뭔가 신비롭고 실행하기 어려운 것이라는 선입견이 있다. 그러나 명상은 인간이 할 수 있는 가장 오래되고 단순한 과정 중 하나다. 물론 특별한 호흡법과 기도문(혹은 Mantra)을 외우면서 하는 복잡한 방식도 있다. 이러한 명상은 최상급 수련생들을 위한 것이다. 그러나 일반적인 명상은 누구나 하기가 쉬워서 지금이라도 할 수 있다.

조용히 앉거나 누워서 눈을 감고 심호흡을 몇 번 하기만 해도 된다. 이렇게 하면 몸은 자동으로 긴장을 풀 것이다. 몸에게 어떠한 것도 강요하지 않는 이완의 상태다. 우리에게 의미가 있는 '치유', '평화', '사랑'과 같은 단어들을 반복하여 되뇐다. '나는 나 자신을 사랑한다!'라고 말하는 것도 좋다. 조용히 '내가 알아야 하는 게 무엇일까?' 혹은 '나는 배울 의지가 있다'라고 속으로 생각해 봐도 좋다.

그러고 나서는 그 상태에서 조용히 있어본다.

질문에 대한 답이 즉각 떠오를 수도 있지만, 1~2일 정도 걸릴 수도 있다. 성급하게 마음먹을 필요가 없다. 물 흐르듯 기다려라. 잡념을 완전히 제거하는 것이 불가능하겠지만, 마음이 생각하는 속도가 다소 느리다는 점을 기억하라. 그 생각들이 자연스럽게 흐르도록 하라. 그 과정에서 '지금 머릿속으로 두려움, 분노, 재난 등이 떠오르네.'라고 생각할 수도 있다. 이러한 생각들에 무게 중심을 두지 않는다. 그저 어느 여름 하늘의 몽실 구름처럼 흘러가도록 내버려 둔다.

다리나 팔을 꼬지 않고 반듯하게 허리를 펴고 앉아서 명상하면 명상을 더 깊이 있게 할 수 있다고 주장하는 사람들도 있다. 충분히 가능한 이야기다. 단 그렇게 할 수 있는 경우라면 그렇게 해 보라. 중요한 것은 얼마나 규칙적으로 명상을 하는가이다. 명상 수련은 하면 할수록 효과가 배가된다. 더 규칙적으로 하면 몸과 마음이 이완에 더 효과적으로 반응하고, 마음속의 여러 궁금증에 대해 원하는 답을 더욱 빨리 얻게 된다.

명상을 쉽게 하는 또 다른 방법은 두 눈을 감고 조용히 앉아서 호흡의 수를 세는 것이다. 들이마시면서 '하나', 내쉬면서 '둘', 들이마시면서 '셋'… 이렇게 '하나'부터 '열'까지 숫자를 세면서 호흡한다. '열'에서 숨을 내쉬고 나서, 다시 '하나'부터 시작한다. 자신도 모르게 어느새 '열여덟' 혹은 '서른'까지 하게 되면, 즉시 '하나'로 다시 돌아온다. 병원의 의사가 한 얘기, 직장, 쇼핑할 품목 등 온갖 잡념이 떠올라도, '하나'로 다시 돌아온다.

명상에는 오답이 없다. 어느 순간이라도 시작한다면, 그것 자체가 가장 적합한 타이밍이다. 구체적인 명상법에 관해서는 관련 책을 읽어도 좋다. 다른 사람들과 함께 명상하는 경험을 해 보기 위해 수업을 들어도 좋다. 어디서든 시작하라. 그래서 명상이 습관이 되게 하라.

명상에 익숙지 않다면, 한 번 할 때 5분으로 시작할 것을 제안한다. 처음부터 20~30분 동안 명상하게 되면, 지루하고 아예 건너뛰게 된다. 하루에 1~2번 5분 정도 가볍게 명상을 시작해보라. 매일 같은 시간에 명상한다면, 몸이 명상을 기대하기 시작할 것이다. 명상은 당신의 정서와 육체의 치유에 큰 도움이 될 휴식이 짧게나마 선사할 것이다.

우리는 모두 내적으로 어마어마한 지혜를 품고 있다. 우리 안에는 우리가 하는 온갖 질문에 대한 답이 있다. 우리가 얼마나 현명한지 가늠하기 어려울 것이다. 당신은 자신을 챙길 수 있다. 그리고 당신이 필요로 하는 답을 이미 갖고 있다. 단 흩어진 답들을 연결하기만 하면 된다. 그러면 몸과 마음이 더 평온하고 강력해질 것이다.

항상 당신 곁에서 내가 도움이 될 것이라는 점을 기억하라. 나는 당신을 사랑한다.

치료의 마무리

과거는 이미 끝났다. 그건 자신들이 처음 온 무(無)로 되돌아갔다. 나는 자유다. 새로운 자부심과 자존감이 생겼다. 나를 사랑하고 응원할 수 있는 능력에 자신이 있다. 내가 긍정적인 성장과 변화를 이룰 수 있다는 걸 배웠다. 나는 강하다. 나는 인생의 모든 부분과 연결되어 있다. 나는 세상의 힘 그리고 지성과 하나다. 신성한 지혜가 나를 인도하면서 내가 걷는 길의 매 단계를 안내해준다. 따라서 지고의 선을 향해 안전하게 나아갈 수 있다. 나는 이 일을 쉽고 즐겁게 한다. 나는 내가 선택한 세상에 사는 새로운 사람이다. 내가 가진 모든 것과 내 존재의 모든 부분에 깊이 감사한다. 나는 모든 면에서 축복받고 번창한다. 내 세상에서는 만사가 순조롭다.

**루이스 헤이의
치유 워크북**
있는 그대로의 나를 사랑하라

초판 1쇄 인쇄 2023년 8월 8일
초판 1쇄 발행 2023년 8월 15일

지은이 루이스 L. 헤이
옮긴이 최기원
펴낸이 엄남미
펴낸곳 케이미라클모닝
본문편집 김재익
교정교열 차재호
표지 디자인 안토디자인
본문 디자인 필요한디자인

출판등록 2021년 3월 25일 제2001-000020호
주소 서울 동대문구 전농로 16길 51, 아름숲 102-604
전자우편 kmiraclemorning@naver.com
전화 070-8771-2052
홈페이지 http://cafe.naver.com/koreamiraclemorning

ISBN 979-11-92806-08-2 03110